Hans Wolfgang Schumann

Auf den Spuren des Buddha Gotama

WV

BODHI PALLANKA

Hans Wolfgang Schumann

Auf den Spuren des Buddha Gotama

Eine Pilgerfahrt zu den historischen Stätten

Walter-Verlag
Olten und Freiburg im Breisgau

Abbildungen auf dem Umschlag:

Vorderseite: Der Bodhi-Baum (vgl. Abb. 16)
Rückseite: Der Mahābodhi-Tempel (vgl. Abb. 13)

Satz: Jung Satzcentrum GmbH, Lahnau
Druck und Einband:
Ueberreuter Buchproduktion, Korneuburg
Printed in Austria
ISBN 3-530-79989-0

Inhalt

Vorwort 7
Einleitung 11

Der Buddha – Stufen seines Lebens 15

Die historischen Stätten
1. Lumbinī: Geburtsort des Buddha 33
2. Kapilavatthu I (Tilaurakoṭ): Heimatstadt des Buddha . . 41
3. Uruvelā: Stätte der Askese 51
4. Bodh Gayā: Erleuchtung 57
5. Sārnāth (Isipatana): Erste Lehrverkündigung 73
6. Rājagaha: Die Hauptstadt des Königreichs Magadha und ihre Klöster 93
7. Nālandā: Durchreisequartier des Buddha 115
8. Sāvatthi: Die Hauptstadt des Königreichs Kosala und ihre Klöster 123
9. Kosambī: Mißerfolg im Königreich Vaṃsā 139
10. Vesāli: Die Hauptstadt der Licchavi-Republik 145
11. Kusinārа: Parinibbāna des Buddha 153
12. Kapilavatthu II (Piprahvā): Stūpa der Buddhareliquien . . 165
13. Noch einmal Rājagaha: Das erste Konzil 171

Nachwort 173

Anhang
Abkürzungen 175
Chinesische Indien-Reisende 175
Äquivalenzen Pāli-Sanskrit 176
Literatur 179
Register 183

Vorwort

Unsere Reise auf den Spuren des historischen Buddha ist umfassender, als die buddhistische Tradition sie empfiehlt. Das am vollständigsten erhaltene buddhistische Textdokument, der Kanon in der Pāli-Sprache, nennt (in D 16,5,8 und A 4,118) nur vier «sehenswürdige und ergreifende» Orte, die der Pilger besuchen sollte, nämlich die Geburtsstätte des Buddha (Lumbinī), den Ort seiner Erleuchtung (Bodh Gayā), die Stätte seiner ersten Predigt (Sārnāth) und den Platz seines Parinibbāna (Kusināra). Absicht des vorliegenden Buches hingegen ist es, von allen im Leben des Buddha wichtigen Orten einen Eindruck zu geben. Sie werden in der Reihenfolge beschrieben, wie sie für den Buddha eine Rolle spielten.

Ihre geographische Verteilung über Nordindien macht es allerdings unmöglich, sie in dieser Folge aufzusuchen. Ratsam ist vielmehr, die jeweils nächstgelegene größere Stadt zum Quartier und Ausgangspunkt für Abstecher zu machen. Man besucht von

- Gorakhpur (über die indisch-nepālische Grenzstation Sonauli) → Lumbinī → Tilaurakoṭ (= Kapilavatthu I).
- Gorakhpur (über Naugarh) → Ganvariyā/Piprahvā (= Kapilavatthu II) → Sāvatthi. (Diese Reise ist auch von Lakhnau (Lucknow) aus in umgekehrter Reihenfolge möglich.)
- Gorakhpur → Kusināra.
- Patna → Vesāli.
- Patna → Nālandā → Rājagaha → Bodh Gayā.
- Vārāṇasī (Benares) → Sārnāth.
- Allahabad → Kosambī.

Gute Hotels gibt es in Patna, Rājagaha, Bodh Gayā, Vārāṇasī, Allahabad und Lakhnau, bescheidene in Gorakhpur und Sāvatthi (Balrāmpur). In Naugarh übernachtet man im Retiring Room des Bahnhofs; wenn man eins der sechs Betten erwischt, sogar mit Moskitonetz. Wem es freilich nichts ausmacht, simpel zu nächtigen, und wer außer den üblichen Reiseutensilien eine Decke, Moskito-Abweisesalbe, Insektenspray, eine Feldflasche, Micropur-Tabletten zum Entkeimen des Trinkwassers, eine Kerze für den Stromausfall und ein freundliches Wort für die Leute bereit hat, der kann überall eine Nachtunterkunft finden.

Reisen in Asien verlaufen selten ohne Überraschungen, aber wie immer liefern die überstandenen Pannen später die besten Anekdoten. Bei der 1989 in Begleitung meines Sohnes Kim unternommenen Fahrt nach Lumbinī und Tilaurakoṭ winkten uns die nepālischen Einreisebeamten an der Grenzstation Sonauli ohne Paßkontrolle nach Nepāl durch, erhoben aber bei unserer Rückreise ein gewaltiges Lamento: Wir hätten keine Einreisestempel für Nepāl in den Pässen, seien also illegal dort gewesen. Eine Überraschung erlebten wir auch, was den Termin des Holī-Festes angeht; 1989 wurde es in Nepāl einen Tag später gefeiert als in Indien. Die Folge war, daß wir es doppelt erlebten und unser Auto an *zwei* Tagen in jedem Dorf gestoppt und seine Insassen mit Farbe bespritzt wurden. 1991 bei einer Wiederholungsreise ohne Begleiter geriet ich in Bihār in den Wahlkampf für die Nachwahlen zum indischen Unterhaus. An fünf strategischen Kreuzungen wollten Polizeiposten meine Weiterfahrt verhindern, gaben sich aber jedesmal damit zufrieden, das Auto auf Waffen zu untersuchen.

Pech hatten Kim und ich 1989 mit dem Museum in Patna. Es war bei unseren Besuchen «gerade mal zu», am Sonntag «selbstverständlich zu» und tags darauf «wie alle Museen der Welt montags zu». 1991 war das Museum am Tage meines Besuchs zwar geöffnet, aber in Patna war Melā und das Museum hatte *open house*. Hunderte von Dörflern mit Frauen und Kindern streiften andächtig an den Skulpturen vorbei; die Säle mit den empfindlicheren Exponaten blieben geschlossen, darunter der mit der Aschenurne des Buddha, die 1957/58 in Vesāli ausgegraben worden ist. Immerhin hatten mein Sohn und ich 1989 den wichtigsten Urnenfund Indiens betrachten können: Im Indian National Museum in Delhi war die 1898 in Piprahvā entdeckte, sonst im Indian Museum in Kalkutta archivierte Inschriftenurne des Buddha ausgestellt.

Die Fotos auf den folgenden Seiten stammen teils von stud. phil. Kim Schumann, teils von mir. Sie sind unprätentiös, aber ehrlich, da wir weder den Raum mit dem Teleobjektiv gerafft noch Bauersfrauen aufgefordert haben, in Feiertagskleidung mit der kupferglänzenden Wasser-Loṭā auf dem Kopf durchs Bild zu laufen. Auch auf Sonnenauf- und -untergangsfotos haben wir verzichtet. Die Stätten des Buddha werden so gezeigt, wie der Besucher sie vorfindet: menschenleer und fast vergessen, aber für den mit dem Leben des Buddha Vertrauten ungemein bewegend.

Da die verläßlichsten Berichte über das Leben des Buddha in der (dem Sanskrit verwandten) Pāli-Sprache abgefaßt sind, werden die indischen Namen und Begriffe im folgenden in Pāli angegeben; nur vereinzelt wird das Sanskrit-Äquivalent (Skt.) dazugesetzt. Wer die Sanskrit-Formen nachschlagen will, sei auf die Äquivalenztabelle im Anhang verwiesen. Der moderne Sprachgebrauch in Indien richtet sich allerdings weder nach der einen noch der anderen alten Sprache und geht eigene Wege.

Verwirrend anmuten mag die im folgenden verwendete Pinyin-Schreibweise der Namen der chinesischen Indienreisenden. Pinyin ersetzt immer mehr die alte Wade-Giles-Transliteration. Neue und alte Schreibweisen und die Daten der chinesischen Indienfahrer sind im Anhang nebeneinandergestellt.

Wie stets habe ich mehreren Personen für ihre Hilfe zu danken, vorab meiner Frau Gerda-Maria, ohne deren Geduld und Zustimmung mir das nebenberufliche Schreiben kaum möglich wäre, und meinem Sohn Kim für seine fotografische Mitarbeit. Herzlich danken möchte ich des weiteren drei fachkundigen und kritischen Beratern. Der Indologe Dr. Heinz Braun (Universität Göttingen) übersandte eine lange Liste mit Verbesserungsvorschlägen, die ich bis auf wenige Ausnahmen berücksichtigt habe. Der Indo- und Tibetologe Dr. Helmut Eimer (Universität Bonn) und seine Frau, die Apothekerin Gertraud Eimer, gaben wertvolle sachliche und redaktionelle Anregungen, die der Exaktheit und der sprachlichen

Gestaltung des Buches zugute kamen. Es gehört zu den Reichtümern im Leben, hilfsbereite Freunde zu haben.

Bombay, im September 1991 H. W. Sch.

Einleitung

Von Afghanistan im Westen bis nach Japan im Osten, von der Mongolei im Norden bis nach Ceylon und Java im Süden markieren großartige Monumente das historische Verbreitungsgebiet der buddhistischen Religion. Durch die Lehre *(dhamma)* des Buddha wurde Indien zum Kulturgeber für alle Teile Asiens.

Über den Mann, der im 6. oder 5. Jh. v. Chr. diese Entwicklung in Gang setzte und den man mit dem Ehrentitel eines Buddha, eines «Erleuchteten» bezeichnet, weiß man etwa zehnmal mehr als über den historischen Jesus. Die Texte, die seine Lehrreden *(sutta)* überliefern, enthalten zwar keine Biographie, sind aber so reich an Angaben über seine Herkunft, seinen geistigen Weg, seine Erfolge und sein Lebensende, daß sich aus ihnen eine Biographie zusammenstellen läßt. In den buddhistischen Werken, kritisch gelesen, wird die Welt Altindiens lebendig.

Zwei Quellengruppen sind es, die uns über die Lehre des Buddha und das Schicksal des Buddhismus in Indien unterrichten.

1. Schon wenige Monate nach dem Tode des Buddha begannen die Mönche, die von ihm persönlich belehrt worden waren, die ihnen erinnerlichen Lehrreden des Meisters zusammenzutragen. Die so kompilierte Textmasse wurde fast 400 Jahre lang mündlich weitergegeben, bis sie im 1. Jh. v. Chr. auf Ceylon in der Pāli-Sprache niedergeschrieben wurde. Nur dieser Kanon ist vollständig erhalten; von dem etwa gleich alten Sanskrit-Kanon besitzen wir lediglich Teilstücke.

2. Mitteilungen über den Zustand der Stätten und Klöster des Buddha im Indien des ersten Jahrtausends n. Chr. liefern die Berichte der chinesischen Mönche, die vom 4. Jh. ab den Ganges-

Kontinent besuchten, um buddhistische Schriften für China zu beschaffen. Sowohl Faxian (Fa-hsien, 5. Jh.) als auch Xuanzang (Hsüan-tsang oder Hiuen-tsang, frühes 7. Jh.) und Yijing (I-tsing oder I-ching, spätes 7. Jh.) haben uns Beobachtungen über die Blüte und die Niedergangszeit des indischen Buddhismus hinterlassen. Aus späteren Jahrhunderten gibt es auch tibetische Berichte. –

In Indien hat der historische Buddha gelebt, in Indien hat seine Lehre ihren Siegeslauf durch Asien begonnen, auf Dauer hat sie sich in Indien jedoch nicht halten können. Im 9. Jh. wurde sie durch die hinduistische Gegenreformation geschwächt und teilweise in den Hinduismus aufgesogen, im 12. Jh. erlag sie dem Ansturm islamischer Heere. Sie lebt indes fort außerhalb Indiens: als Theravāda-Buddhismus in Ceylon, Burma, Thailand, Laos und Kambodja, in ihrer späteren Form als Mahāyāna-Buddhismus in den indischen Himālaya-Regionen Ladākh und Sikkim, ferner in Nepāl, Bhūtan, Tibet, der Mongolei, China, Korea und Japan. Für die Buddhisten aller dieser Länder sind die indischen Unionsstaaten Bihār und Uttar Pradesh das «heilige Land». Im Namen von Bihār, «Land der Klöster» *(vihāra)*, ist die buddhistische Vergangenheit des Landstrichs noch erkennbar. Die Inder selbst aber bekennen sich mehrheitlich zum Hinduismus.

Die Reise zu den Stätten des historischen Buddha führt deshalb, mit der Ausnahme von Bodh Gayā, zu einsamen Plätzen. Vom Archäologischen Dienst der Republik Indien, in Nepāl vom Königlichen Archäologie-Department geschützt, aber arm an religiösem Leben, liegen die Plätze des Buddha unter der Sonne – für Hindus ohne Anziehungskraft. An den Orten fachmännische Führung oder Auskünfte zu erhalten, ist so gut wie ausgeschlossen.

Um so wichtiger sind die Grabungs- und Auswertungsberichte der Archäologen, die sich in den letzten 140 Jahren der Erforschung der altbuddhistischen Stätten gewidmet haben. Einen Abriß des gegenwärtigen Wissensstandes gibt H. Härtel (Berlin) in dem Sammelband «The Dating of the Historical Buddha», Part 1 (1991). Härtel stellt zu Anfang seines (im Original englischsprachigen) Aufsatzes fest, aufgrund der altindischen Bauweise aus Lehm und vermutlich Holz sei «die Hoffnung, Originalbauten und Ruinen einer Stadt oder Ansiedlung der Buddhazeit zu entdecken... fast Null» (S. 62). Der Aufsatz endet mit dem Fazit: «Der Erkundungszug durch die buddhistischen Stätten hat... Zweifel daran geweckt, ob alle die Plätze, wo der Buddha lebte oder die er besucht haben soll, im 6. Jh. v. Chr. bereits existiert haben» (S. 80). Das Urteil verwundert, denn wenn durch die Vergänglichkeit des Baumaterials der Buddhazeit kaum Ruinen aus dieser Periode erwartet werden können, erlaubt die Nichtexistenz solcher Ruinen nicht die Folgerung, daß die Orte im 6. Jh. v. Chr. noch nicht bestanden hätten.

Härtels Aufsatz ist ein Beitrag zu dem 1988 in Göttingen gehaltenen internationalen Symposium über die Datierung des Buddha. Die meisten älteren Indologen hatten nach der «berichtigten längeren (ceylonesischen) Chronologie» das Leben des Meisters auf etwa 563 bis 483 v. Chr. datiert. Durch Untersuchungen der Professoren P. H. L. Eggermont (Löwen) und H. Bechert (Göttingen) auch nach indischem Material und durch das Symposium von 1988 ist diese Datierung ins Wanken geraten. «Mir scheint», schreibt Bechert in seinem (englischen) Einleitungsessay zum 1991 erschienenen Konferenzbericht, «daß fast alle (Beiträge des Symposiums) zu der Folgerung gelangen, daß es gute Gründe gibt, den Buddha später anzusetzen als die traditionelle (d. h. ‹korrigierte lange›) Chronologie es tut» (S. 11).

Bechert lehnt es jedoch ab, die Lebenszeit des Buddha auf bezifferbare Jahre festzulegen. «Er betrachtet es als vergeblich, das Datum des Nirvāṇa einem oder mehreren bestimmten Jahrzehnten zuordnen zu wollen, denn alle diese Versuche sind bisher nur Spekulation geblieben» (S. 14). Und weiter: «Wir können den Historiker nicht mit einer neuen Chronologie von Buddhadaten versorgen, die von allen oder den meisten Fachleuten gutgeheißen würde. Die Meinungen bleiben stark geteilt. Wir dürfen feststellen, daß dieses Symposium zumindest klargemacht hat, daß die ‹allgemeine Übereinstimmung unter den Gelehrten, der Buddha sei einige Jahre um 480 v. Chr. gestorben›, ein Ding der Vergangenheit ist. Diese Chronologie ist nur eine von mehreren chronologischen Hypothesen, und ihre Gültigkeit wurde (beim Symposium) nur in einem Beitrag verfochten. Die Mehrheit der Beitragenden ... nimmt an, daß das Datum des Parinirvāṇa des Buddha beträchtlich später liegt als 480 v. Chr., aber sie konnten sich nicht einig werden, um wieviel später das Ereignis datiert werden sollte» (S. 20).

Das bisher mehrheitlich für richtig gehaltene Nirvāṇadatum in Frage gestellt, aber kein neu erschlossenes Datum an seine Stelle gesetzt – das ist ein Zustand, mit dem der Historiker nicht froh werden kann. Besser als die Ereignisse im Leben des Buddha undatiert zu lassen, erscheint es daher, weiter mit dem alten zwar anfechtbaren, aber arbeitshypothetisch brauchbaren Zeitgerüst zu arbeiten. Sollten die Forscher eines Tages das Todesjahr des Buddha überzeugend erschließen, lassen sich die Fehlerjahre von dem Zeitgerüst unschwer abziehen.

Um wie viele Fehlerjahre es sich handeln könnte, deutet Bechert an in seiner 1986 erschienenen Abhandlung «Die Lebenszeit des Buddha – das älteste feststehende Datum der indischen Geschichte?». Er hält es dort (S. 54) für möglich, daß das Verlöschen des Buddha «in die letzten Jahrzehnte vor dem Alexanderzug (327 v. Chr.) fällt», seine Geburt mithin ins 5. Jh. v. Chr. (statt bisher ins 6. Jh.) anzusetzen sei. Sollte sich diese Annahme erhärten, wären von den im folgenden genannten Daten jeweils zwischen 90 und 130 Jahren in Abzug zu bringen.

Der Buddha – Stufen seines Lebens[1]

Siddhattha Gotama, der spätere «Buddha», wuchs auf in Kapilavatthu, der Hauptstadt des Sakiya-Stammes im südlichen Himālaya-Vorland. Er war der Sohn des Adligen Suddhodana Gotama, der zum Rāja, zum Gouverneur der oligarchischen Sakiya-Republik gewählt worden war. Die Sakiya-Republik war dem in Sāvatthi residierenden Mahārāja (König) von Kosala unterworfen und besaß Halbsouveränität. Suddhodana hatte das Vertrauen des Mahārāja, unterstand aber dessen Oberaufsicht.

In solch bequeme soziale Verhältnisse hineingeboren, war die Jugend Siddhatthas ohne Not. Mit 16 wurde er mit einer gleichaltrigen Kusine verheiratet, als das Paar 29 war, wurde ihnen ein Sohn geboren, der den Namen Rāhula erhielt.

Über Siddhatthas alltägliches Leben in Kapilavatthu erfahren wir aus den Pāli-Quellen wenig. Man muß annehmen, daß er gewöhnlich an den Ratsversammlungen der Sakiyas teilnahm, bei denen unter dem Vorsitz seines Vaters, des Rāja Suddhodana, über innenpolitische und kommunale Maßnahmen beraten wurde. Da Entscheidungen einstimmig gefaßt werden mußten, bedurfte der Ratsvorsitzende überzeugender Beredsamkeit – eine Begabung, die sein Sohn Siddhattha von ihm erbte.

Eine weitere Aufgabe Suddhodanas war es, Gericht zu halten, und wir dürfen vermuten, daß Siddhattha auch dabei ein aufmerksamer Beobachter war. Die Schulung durch Zuhören vermittelte ihm die Rechtskenntnisse, die ihm später halfen, seinen Mönchs-

[1] Eine ausführliche Biographie gibt H. W. SCHUMANN: Der historische Buddha – Leben und Lehre des Gotama, München [4]1990 (Diederichs Gelbe Reihe Bd. 73).

orden zu organisieren und dem Staat gegenüber rechtlich abzugrenzen.

Mit 29, unmittelbar nachdem sein Sohn Rāhula geboren worden war, verließ Siddhattha Eltern, Gattin, Kind und Heimat, um sich als hausloser Bettelmönch der Suche nach Erlösung vom Leiden zu widmen. In die Fetzenkutte des Wandermönchs gekleidet und ohne Besitz begab sich der junge Adlige von Kapilavatthu nach Südosten über den Gaṅgā-Fluß ins Königreich Magadha.

Die Folgezeit sah ihn unweit von Rājagaha als Schüler zu Füßen zweier religiöser Lehrer – des Āḷāra Kālāma und des Uddaka Rāmaputta. Āḷāra lehrte yogische Versenkung und Trance, Uddaka vertrat die upaniṣadische Ātman-, Wiedergeburts- und Karman-Lehre. Von beiden Mentoren war Siddhattha enttäuscht, jedoch erwies sich die Kenntnis ihrer Lehren später für ihn wertvoll: Sowohl Āḷāras Meditation als auch Elemente von Uddakas Upaniṣad-Lehren finden sich in Siddhatthas eigenem System wieder.

Nach seiner Abkehr von den beiden Mentoren zog Siddhattha sich in der Nähe von Uruvelā in den Wald zur Askese zurück. Was immer an Selbsttorturen denkbar ist, probierte er durch. Er machte Atemübungen bis zur Ohnmacht, lief nackt, fastete bis knapp vor dem Hungertod, hauste zeitweilig auf einem Leichenanger und verbot sich das Sitzen, Liegen und Waschen. Fasziniert von seiner Striktheit hatten sich ihm fünf andere Asketen angeschlossen. Keiner von ihnen zweifelte daran, daß Siddhattha als erster die Erlösung erreichen werde.

Mehrere Jahre betrieb er solche Askese. Eines Tages aber sah er ein, daß die Schwächung des Körpers auch den Geist in Mitleidenschaft zieht und ihn zu höheren Einsichten unfähig macht. Er nahm wieder Nahrung zu sich, um zu Kräften zu kommen, und schlug einen anderen Weg zur Erkenntnis ein: Systematische Meditation. Enttäuscht über Siddhatthas vermeintlichen Rückfall ins weltliche Leben ließen die fünf Askese-Gefährten ihn im Wald allein.

Schon bald erwies sich die Meditation als der richtige Weg. In der ersten Vollmondnacht des April/Mai 528 v. Chr. verwirklichte Siddhattha Gotama beim heutigen Bodh Gayā die Erkenntnis der Wahrheit *(dhamma)*. Gehörtes und Selbsterkanntes fügten sich in seinem Denken zu einem harmonischen System zusammen, denn «Rechte Anschauung entsteht durch die Stimme eines anderen und (eigenes) Nachdenken» (A 2, 11, 9). Damit war er ein *Buddha*, ein «Erleuchteter» oder «Erwachter» geworden. 35 Jahre war er alt, sechs Jahre waren seit seinem Auszug in die Heimatlosigkeit vergangen.

Es waren die ehemaligen Mitasketen, die im Wildpark von Isipatana (Sārnāth) bei Benares seine ersten Hörer wurden. Mit der Predigt vor ihnen setzte er das «Rad der Lehre» in Gang, mit der Konversion der fünf und ihrer Aufnahme als Mönche *(bhikkhu)* trat der buddhistische Orden *(saṅgha)* ins Leben. Sehr bald bildete sich auch eine Laiengemeinde.

Die Lehre *(dhamma)* des Buddha ist doppelschichtig. Sie ist einerseits, soweit sie in den «Vier Wahrheiten» formuliert ist, leicht eingängig und eine alltagstaugliche Gebrauchsreligion mit klaren Weisungen für das Verhalten. Andererseits beruht sie auf philosophischen Prämissen, die zu verstehen Intelligenz voraussetzt. Der Dhamma ist «jedem, der Ohren hat, verständlich», aber dennoch «tief, schwer durchschaubar, schwer zu fassen, (nur) Gebildeten begreiflich».

Ausgangspunkt des buddhistischen Denkens ist das Erlebnis des Leidens. Gotamas «Wahrheit vom Leiden» stellt fest, daß alles Leben mit Altern, Krankheit und Tod, Schmerz, Trauer und Gram, Trennung und Enttäuschung verbunden ist. Solches «Leiden» *(dukkha)* ist dem Leben nicht auferlegt, sondern ist untrennbar Teil von ihm. Auf der Welt sein heißt, Leiden erfahren zu *müssen*.

Man würde sich mit dieser Tatsache leichter abfinden, wenn das Leiden mit dem Sterben zu Ende wäre. Das ist jedoch nicht so, denn nach dem Tode erwartet uns Wiedergeburt. Wir sind gefangen im Kreislauf *(saṃsāra)* von Tod und Geborenwerden, der immer wieder zu neuer Existenzform führt. Als Wanderer im Saṃsāra begegnen wir dem Leiden stets aufs neue – eine schreckliche Aussicht und Grund genug, einen Weg zur Erlösung zu suchen.

Ist der Zwang, wiedergeboren zu werden, auch beängstigend – tröstlich ist immerhin, daß die Wiedergeburt einer durchschaubaren Mechanik folgt. Die Existenzform, zu der der Verstorbene ersteht, ist nicht ein Ergebnis des Zufalls, sondern entspricht naturgesetzlich der Qualität seiner im vergangenen Leben getanen Taten *(kamma)*. Wer überwiegend Gutes getan hat, wird nach dem Tode eine angenehme Daseinsform erlangen, nämlich Lebensumstände, die der Qualität seines alten Tuns entsprechen. Gutes Tun führt im Geburtenkreislauf aufwärts, schlechtes Tun abwärts. Jeder hat sein gegenwärtiges Dasein selbst verursacht, jeder kann seine wiedergeburtliche Zukunft durch sein Handeln selbst bestimmen. Später vertiefte der Buddha die Kamma-Lehre dahingehend, daß nicht erst die vollzogene Tat, sondern schon die Tat*absicht (cetanā, saṅkhāra)* die Wiedergeburt qualitativ beeinflußt.

Die zweite Wahrheit des Buddha, die «Wahrheit vom Ursprung des Leidens», fragt nach der Ursache der Wiedergeburt und stellt fest: Es ist die Gier *(taṇhā)*, die uns von Dasein zu Dasein treibt. Immer wieder läßt sie den Menschen nach einem neuen und, wie er hofft, leidfreien Leben greifen; das Begehren nach Freuden ist der Erzeuger des Leidens. In einer späteren Kodifikation stellt der Buddha dem Wiedergeburtenantrieb Gier den weiteren Antrieb Unwissenheit *(avijjā)* zur Seite, denn nur wer die Gier nicht als Leidensursache erkennt, wird ihr freien Lauf lassen.

Die dritte Wahrheit, die der Buddha erkannte, ist die «von der Leidensaufhebung» und besagt, daß die Erlösung von Leiden und Wiedergeburt durch die Vernichtung der Leidensursache(n) Gier (und Unwissenheit) möglich ist. Die vierte Wahrheit, die «vom Wege zur Leidensaufhebung», gibt die Erlösungsmethode an, nämlich den Achtfachen Weg bewußten Handelns. Er besteht aus

- Rechter Ansicht,
- Rechtem Entschluß,
- Rechter Rede,
- Rechtem Verhalten,
- Rechtem Lebensunterhalt,
- Rechter Anstrengung,
- Rechter Achtsamkeit und
- Rechter Meditation.

In Hunderten von Lehrreden, gehalten in den 45 Jahren seiner Lehrtätigkeit, machte Gotama klar, wie die Acht Regeln des Weges zu verstehen sind. Da es das buddhistische Ziel ist, Wiedergeburt und Leiden aufzuheben und das Nibbāna (Skt: *Nirvāṇa*) zu erreichen, gelten alle Gedanken und Taten als heilsam, die die Leidensursachen Gier, Haß und Unwissenheit schwächen. Das oberste Gebot für den Buddhisten ist Achtsamkeit im Denken und Tun.

Die erste Predigt des Buddha im Wildpark von Isipatana (Sārnāth) vor den fünf Asketen enthält wenig, das nicht auch in den Upaniṣaden zu finden ist. Gotama wäre einer von vielen Upaniṣaden-Auslegern geblieben, wenn er nicht einige Tage nach der ersten Predigt – wiederum vor jenen fünf Mönchen – eine Erkenntnis vorgetragen hätte, mit der er sich sehr markant von den Upaniṣaden abhebt: die Behauptung der Nichtexistenz eines Ich, einer Seele.

Die Upaniṣaden, die er als Schüler des Uddaka Rāmaputta studiert hatte, setzen in allen Wesen die Existenz einer Seele (Skt: *ātman*) voraus. Sie ist ewig und unwandelbar und überdauert den Tod. Wenn jemand stirbt, schlüpft seine Seele in eine neue Verkörperung und lebt in dieser weiter. Die Seele ist das Identitätsband im Kreislauf der Wiedergeburt – vergleichbar mit dem Seidenfaden, der sich als Kontinuum durch ein Perlenhalsband zieht und die Perlen zur Kette zusammenhält.

Der Buddha trat dem Seelenglauben der Upaniṣaden sehr entschieden entgegen. Er begab sich damit in den Zwang, die Wiedergeburt ohne Annahme einer überwandernden Seele zu erklären.

Die empirische Person, so betont er, besteht aus fünf – und nur fünf – Gruppen *(khandha)*: dem Körper, den (Sinnes-)Empfindungen, den Wahrnehmungen, den (von diesen geweckten) Geistesregungen und dem Bewußtsein. Da alle fünf Komponenten beim Tode des Menschen zugrunde gehen, können sie weder einzeln noch im Verbund eine Seele sein, denn diese ist per Definition unsterblich. Die empirische Person ist folglich seelenlos *(anatta)* oder leer *(suñña)*.

Dennoch lehrt auch der Buddha Wiedergeburt. Seinem Verständnis nach ist die Präexistenz A mit der Nachexistenz B nicht durch Seelenkontinuität, sondern durch Konditionismus verbunden. Es ist der von der Existenz A beim Tode ausgehende kammische Impuls, der ein Elternpaar in kammisch entsprechenden Lebensumständen fruchtbar macht und im Schoße der Mutter die Existenz B entstehen läßt. Die Eltern schaffen die physischen, der Kamma-Impuls liefert die geistigen Voraussetzungen des neuen Lebewesens. Er gibt den Anstoß, nicht mehr. Zwischen den Existenzen A und B besteht weder Identität (durch eine überwandernde Seele) noch sind sie voneinander unabhängig. Ihre Beziehung liegt zwischen diesen beiden Auffassungen in der Mitte: in ihrer Bedingtheit.

Das vorbuddhistische Denken Indiens bewegte sich in Begriffen der Substanz, der Buddha entdeckte das Denken in Konditionalitäten. Es erwies sich philosophisch als äußerst folgenreich, denn es erklärt auch die Welt mit ihren Erscheinungen. Wie es in den Wesen keine den Tod überdauernde Seele gibt, so gibt es in und hinter der Welt kein Absolutes, kein Ding an sich. Die Welt ist kein Seiendes, sondern ein ständiges Werden – wie das Bild auf dem Fernsehschirm, das nicht steht, sondern sich unentwegt aufbaut. Buddhisten sind Seelenleugner (Skt: *anātmavādin*) und Substanznegierer (Skt: *asvabhāvavādin*) und lehren zwischen Sein und Nichtsein den Mittelweg des Konditionalen Entstehens (Skt: *pratītyavāda*).

Die Ablehnung des Seelenglaubens ist von Konsequenz auch für die buddhistische Erlösung, das Nibbāna (Skt: *nirvāṇa*). Religionen, die eine unsterbliche Seele lehren, müssen erklären, wo und wie die Seele nach der Erlösung fortdauert; sie sind gezwungen, für die Seele ein Paradies oder das Eingehen in eine Gottheit oder Universalseele anzunehmen. Der Buddha, der die Existenz einer Seele bestritt, unterlag dieser Denknotwendigkeit nicht und konnte das Nibbāna als Vernichtung von Gier und Unwissenheit, als Ende der Wiedergeburt und des Leidens definieren. Da Worte nur saṃsārisch-innerweltliche Dinge beschreiben können, Nibbāna, «Verlöschen», aber Freiheit vom Saṃsāra ist, liegt es jenseits der Sprache.

Wie eine Flamme, ausgeweht vom Winde,
verweht ist und Begriffe nicht mehr passen,
so der von Leib und Geist befreite Weise:
Er ist nicht mehr begrifflich zu erfassen. (Snip 1074)

Einer der ersten Orte, die Gotama nach Missionsbeginn und einem Regenzeitaufenthalt in Sārnāth aufsuchte, war Rājagaha, die Hauptstadt des Magadha-Reichs. Schon das erste Gespräch, das der junge Buddha mit Bimbisāra, dem Mahārāja von Magadha führte, gewann den König für den Dhamma. Vor zahlreichen Augenzeugen erklärte der Herrscher sich zum Laienbekenner und schenkte dem Meister einen Klosterhain. Die Lehre und der buddhistische Mönchsorden waren damit in Magadha staatlich gebilligt. Das Ergebnis war starker Zulauf sowohl zur Laienschaft als auch zum Orden.

Der reiche Kaufmann Anāthapiṇḍika aus Sāvatthi, der dem Buddha in Rājagaha begegnet war, bewog ihn dazu, seine Lehre auch in Sāvatthi darzulegen. Der Meister folgte der Einladung ein Jahr später. Anāthapiṇḍika hatte inzwischen bei Sāvatthi einen Hain erworben, den er dem Buddha zum Geschenk machte.

Es war bei diesem Aufenthalt in Sāvatthi, der Hauptstadt des Kosala-Reichs, daß der Buddha dem zweiten großen König seiner Zeit begegnete, dem Kosala-Mahārāja Pasenadi. Anfänglich skeptisch gegenüber dem Erlöstheitsanspruch des jungen Sakiya-Adligen, wurde Pasenadi doch bald für dessen Lehre gewonnen. Zwischen den beiden Männern erwuchs eine herzliche Freundschaft. Damit war der Buddhadhamma auch nördlich der Gaṅgā staatlich anerkannt.

Einige Jahre darauf, nach weiteren Missionserfolgen in den östlich an Kosala anschließenden Stammesrepubliken, beschloß der Buddha, auch den dritten unabhängigen König des mittleren Nordindien für die Lehre zu werben, den Vaṃsā-Mahārāja Udena. In dem zwischen den Flüssen Varunā und Gaṅgā gelegenen Vaṃsā-Reich besaß der Buddha-Orden bereits Anhänger und in Kosambī einige Stiftungsklöster.

Der Versuch schlug fehl, denn König Udena war ausschließlich weltlich gesinnt und vermied es, Gotama zu treffen. Sein Desinteresse an Religion hatte unter den Mönchen von Kosambī zu erheblichem Disziplinmangel geführt, den auch der Buddha zu spüren bekam. Eine Verletzung der Etikette durch einen Bhikkhu reichte ihnen aus, es auf eine Ordensspaltung ankommen zu lassen. Es gelang dem Meister gerade noch, das Schisma zu verhindern.

Der Darlegung seiner Erkenntnisse, die zur Erlösung und zum Nibbāna führen, galt das zentrale Bemühen des Buddha, denn der Dhamma war sein Lebenswerk und sein Geschenk an die Welt. Daneben war es erforderlich, Richtlinien für die Bedürfnisse des Alltags zu erlassen. Drei Komplexe waren zu regeln: 1. die interne Ordensdisziplin, 2. das Verhältnis zwischen Orden und Gesellschaft und 3. die Beziehungen des Ordens zu Staat und Herrscher. Für alle drei Bereiche kamen ihm die Verwaltungs- und Rechtskenntnisse zupaß, die er im Hause seines Vaters, des Rāja Suddhodana, erworben hatte. Für den letzteren Bereich war zudem seine Herkunft aus der Kaste des Krieger- und Amtsadels von Bedeutung, denn sie erlaubte ihm, mit den Königen ebenbürtig und politisch verständig zu sprechen.

1. Die Bräuche im Mönchsorden folgten im wesentlichen den Gepflogenheiten der zur Buddhazeit in Indien zahlreichen Wanderbettler *(samaṇa)*. Wie der Buddha selbst waren seine Bhikkhus zu zölibatärem Leben, zur Besitzlosigkeit, zum Almosenbetteln und zum Umherwandern verpflichtet, nur während des jährlichen Monsunregens (Juni bis September) hatten sie sich eine Regenhütte zu bauen und am Ort zu bleiben. Als Kleidung waren ihnen drei gelbe, aus Lumpen zusammengenähte Tücher erlaubt, dazu Gürtelband, Almosenschale, Wasserfilter, Schermesser und Nadel.

Durch den starken Zulauf zum Orden waren auch Männer Bhikkhus geworden, die für ihren Beitritt andere als religiöse Motive hatten. Einige waren eingetreten, weil König Bimbisāra seinen Leibarzt Jīvaka zum Arzt für den buddhistischen Saṅgha bestimmt hatte und sie erwarten konnten, als Mönche kostenlos von dem berühmten Doktor behandelt zu werden. Andere wollten sich ihren Schulden oder dem Militärdienst entziehen. Zu den ersten Verfügungen, die der Buddha erließ, gehörten deshalb Ordinationsregeln, die unheilbar Kranke, Verschuldete und Wehrpflichtige von der Aufnahme in den Saṅgha ausschlossen.

Dazu kamen Regeln für das gesittete Benehmen der Mönche sowohl innerhalb als auch außerhalb der Gemeinschaft. Neben den Gebildeten, die mehr als drei Viertel der Bhikkhus ausmachten, gab es nämlich im Orden auch Männer schlichter Herkunft, denen es an Erziehung mangelte. Im Hinblick auf sie hatte der Ordensleiter elementare Anstands- und Etiketteregeln zu erlassen. Oberste Gebote für alle Mönche waren Selbstzügelung, Bescheidenheit und Abkehr von der Welt.

Praktischen Sinn bewies Gotama in der Frage des Vegetarismus. Sollten die Mönche, wenn ihnen beim Almosengang Fleisch gegeben wurde, die Gabe ablehnen? Die Frage wurde verneint, denn es stand dem Bhikkhu nicht an, die Spende der Frommen zu bemäkeln. Fleisch hatte er nur dann zurückzuweisen, wenn er vermutete, das Tier sei speziell für ihn geschlachtet worden.

Natürlich gab es gegen die monastischen Verhaltensnormen gelegentlich Verstöße. Gotamas Schiedssprüche für die Ahndung wurden im Orden mit Sorgfalt memoriert und bildeten als gewachsenes Fallrecht mit der Zeit ein Ordens-Strafgesetzbuch. Die Delikte sind darin nach der Schwere der Strafe geordnet; vorn stehen die Taten, die Ausstoßung aus der Mönchsgemeinde nach sich ziehen, hinten die Vergehen, die durch bloßes Schuldbekenntnis als geahndet gelten.

Vor eine Rechtsfrage stellten den Buddha des weiteren die ihm und dem Saṅgha gestifteten Klöster, denn wie der einzelne Mönch hatte der Orden auch als Gesamtheit besitzlos zu sein. Zudem brachte der Besitz dem Eigentümer die Verpflichtung zur Pflege und Instandhaltung. Der Buddha löste das Problem indem er, durch Erfahrung gewitzt, Liegenschaften nur als Dauerleihgabe entgegennahm, für die dem Orden das Nutzungsrecht zukam, die der Spender jedoch instandhielt.

2. Armut war ein Gebot für Mönche, für den Mann im weltlichen Leben aber ein Übel, das war die Überzeugung des Buddha. Er befürwortete deshalb wirtschaftliche und handwerkliche Tätigkeiten, ja gab sogar Hinweise, welche Qualitäten zum Kaufmannsberuf nötig sind und wie die Gewinne zu verwenden seien. Statt der von den Berufsbrahmanen propagierten, angeblich den Geschäftserfolg sichernden teuren vedischen Opfer empfahl er gute Werke und Almosenspenden. Es ist kein Zufall, daß dem Orden von den Handel- und Gewerbetreibenden erhebliche Hilfe zufloß.

Ein weiterer Grund für breiten Zuspruch war, daß Gotama Personen der nicht-höchsten Kasten nicht als zweitrangige Menschen ansah, wie viele Brahmanen das taten. Er ethisierte den Kastenbegriff: Brahmane ist man nicht durch Geburt in der Brahmanenkaste, sondern wird man durch ethische Disziplinierung. Seine Verwendung des Ausdrucks «Brahmane» ehrte die Brahmanen und wies zugleich ihren Kastenhochmut zurück.

Zwiespältig blieb des Buddha Haltung gegenüber Frauen. Einerseits waren sie eine Quelle ständiger Irritation für den Mönch und lenkten ihn von der Erlösungssuche ab, andererseits besaßen sie dieselbe Erlösungsfähigkeit wie Männer; der Pāli-Kanon nennt zahlreiche Frauen, die die Heiligkeit verwirklichten. Erst nach langen Bedenken gestand der Buddha seiner Stief- und Pflegemutter Mahāpajāpatī bei einem Aufenthalt in Vesāli zu, einen Nonnenorden zu gründen. Er blieb aber mißtrauisch und verfügte, daß Nonnen den Mönchen nachgeordnet seien. Der Sympathie der Frauen zum Buddha hat dies jedoch nicht geschadet. Laienbekennerinnen, an der Spitze die warmherzige Visākhā aus Sāvatthi, machten dem Orden Schenkungen und erwiesen den Mönchen bei der Almosenvorsprache am Haus, in der Regenzeit und bei Krankheit viele Wohltaten.

3. Eine scharfe Linie trennte Mönchsorden und Staat. Die Bhikkhus hatten bei Ratssitzungen kein Stimmrecht und durften sich auch nicht als politische Meinungsmacher betätigen. Der Staat zeigte sich erkenntlich, indem er den Orden von der weltlichen Gerichtsbarkeit freistellte und die eventuellen Verfehlungen von Mönchen der Ahndung durch das Ordens-Strafrecht überließ. Ausgenommen war allerdings, wenn ein Mönch einen Mord beging. In diesem Falle galt, daß das Verbrechen den Bhikkhu automatisch aus dem Orden ausschließt und er als Nicht-Mönch der Justiz des Staates anheimfällt.

Obwohl der Buddha als Mann des Krieger- und Amtsadels die Belange des Staates und der Mahārājas respektierte und die Mönche entsprechend anwies, machten die Könige ihm gelegentlich seine Grenzen deutlich. Das Ordinationsverbot für Wehrpflichtige geht auf König Bimbisāras Hinweis zurück, und König Pasenadi beschrieb dem Buddha ausführlich sein Spitzel- und Spionagesystem um anzudeuten, daß die ordensinternen Ereignisse und Meinungen dem Staat nicht verborgen bleiben. Der Buddha verstand die Warnungen und richtete sich danach.

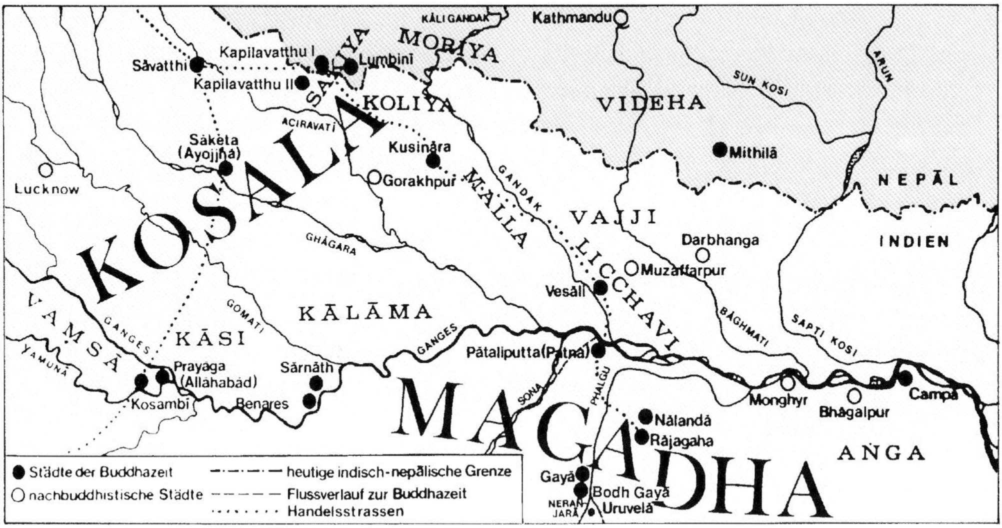

Das Wandergebiet des Buddha in Nordindien

Wie der Meister selbst waren auch seine Mönche als Missionare erfolgreich. Schon bald nach der Gründung des Ordens hatte der Buddha die Bhikkhus angewiesen, sich in verschiedene Richtungen als Darleger des Dhamma auf den Weg zu machen. Die Mönche zogen hinaus und führten dem Buddha Freunde der Lehre zu, die auf Wunsch von ihm ordiniert wurden. Als dieses Verfahren zu umständlich wurde, gab der Meister seinen Mönchen die Erlaubnis, selber Bhikkhus zu ordinieren und erließ Regeln, wie und vor wie vielen Zeugen dies zu geschehen habe. Der Orden war damit von seinem Gründer abgenabelt und in der Lage, ein Eigenleben zu führen. Wenige Jahre nach Beginn der buddhistischen Mission waren die gelben Mönche in allen Teilen Nordindiens ein gewohnter Anblick. Zugleich wuchs die Zahl der Laienbekenner. Der Pāli-Kanon enthält die Namen von 291 mit dem Buddha gleichzeitig lebenden Bhikkhus und von 61 Nonnen. Daneben werden als Zeitgenossen 74 männliche und 31 weibliche Laienbekenner genannt – Bruchteile der tatsächlichen Zahlen.

Das Wandergebiet des Buddha erstreckte sich über ein Areal von 600 mal 300 km Ausdehnung. Der westlichste Punkt war Kosambī an der Yamunā (35 km südwestlich von Allahabad), der östlichste die Stadt Campā (50 km östlich von Bhāgalpur). In Nord-Süd-Richtung reichten seine Reisen von Kapilavatthu I (95 km nordwestlich von Gorakhpur) bis nach Uruvelā (10 km südlich von Gayā). Da es ihm wichtig war, den Dhamma nicht nur schlichten Dorfbauern, sondern vor allem Gebildeten vorzutragen, richtete er die Wanderungen so ein, daß sie die größeren Orte und Städte berührten, wo die Gebildeten sich konzentrierten. Meistens folgte er den Handelsrouten der Kaufleute. Die Wanderstrecken des Buddha sind deshalb auch für die Wirtschaftsgeographie Altindiens aufschlußreich.

Die 45 Jahre der Mission des Buddha lassen sich unterteilen in die Phasen des Sieges, der Konsolidierung und der Lebensneige.

Die erste Phase war voll der Triumphe. Strahlend vom Erlebnis der Erleuchtung, selbstbewußt im Erlöstheitswissen und der Überzeugung, den Schlüssel zur Leidenserlösung in der Hand zu halten, legte der Rāja-Sohn Königen und Asketen, Bürgern und Bauern die Lehre dar. Er «gab ihnen durch seine Lehrdarlegung Richtung, machte sie (die Belehrung) annehmen, begeisterte sie und schuf in ihnen Zufriedenheit» heißt es im Kanon. Gotamas Charisma gab allem, was er sagte, den Hauch des Besonderen.

Er kam als Anbieter eines Erlösungsweges, nicht als feuriger Redner; er legte dar, ohne zu überreden. Weder war er ein Prophet, der mit Verdammnis droht, noch ein Reformator, der Bestehendes umwerfen will. Im Gegenteil: Jedes Engagement in der Welt galt ihm als Verstrickung in die Welt; die Gesellschaft als Ganzes und ihre sozialen Gegebenheiten erschienen ihm unveränderbar. Er war ein Mystiker, der die Abkehr von der Welt empfahl und den Weg zur Erlösung im Inneren eines jeden einzelnen aufzeigte.

Trotzdem war er nicht weltscheu. Er besaß Welt- und Menschenkenntnis und setzte sie ein – auch für «Public Relations». So in Giribbaja (= Rājagaha), wo er kurz zuvor die Anhänger des Sektenführers Sañjaya zum Dhamma bekehrt hatte und die Bevölkerung darüber murrte, daß allzu viele Söhne der Stadt ihre Familien verließen und Mönche des Buddha wurden. Wenn die Bhikkhus an den Haustüren um Almosen erschienen, wurde ihnen, wahrscheinlich von Kindern, oft der Neckvers entgegengerufen:

Der Wandermönch, der große, nach Giribbaja kam,
des Sañjaya Gefolgschaft er leitend übernahm:
Wen wird er jetzt entführen, wer ist als nächster dran?

Geschickt konterte der Meister durch einen Gegenvers, den er durch seine Mönche in Umlauf setzen ließ:

Die großen Helden, Wahrheitsfinder,
sie führ'n durch wahre Lehre an.
Wer ist wohl neidisch auf den Weisen,
der mittels Wahrheit führen kann?

Der Gegenspruch wurde aufgenommen, verbreitete sich und brachte die Kritik zum Verstummen.

Die zweite und längste Missionsperiode, beginnend mit der Beilegung des Mönchsstreites von Kosambī, war die der Bestandssicherung.

Der Buddha war als eines der führenden Schulhäupter seiner Zeit anerkannt, die beiden größten Könige Nordindiens waren ihm wohlgesonnen, sein geographischer Wirkenskreis war abgesteckt, zahlreiche Wohnhaine und Klöster standen dem Orden zur Verfügung. Es drängte den Buddha nicht mehr, neuen, aber voraussetzungslosen Hörern die Grundzüge des Dhamma darzulegen; lieber überließ er dies seinen Bhikkhus, unter denen es hervorragende Dhamma-Interpreten gab. Er zog es vor, Lehrreden nur noch auf Einladung und vor gehobenem Hörerkreis zu halten.

Gern sprach er vor fortgeschrittenen Mönchen, denn es lag ihm daran, sie so zu schulen, daß sie die Lehre ohne Entstellung an zukünftige Generationen weitergeben konnten. Wenn jemand seine Lehre ablehnte, blieb er gelassen, wenn aber einer der Bhikkhus sie fehlinterpretierte, stellte er ihn hart zur Rede und schreckte nicht davor zurück, ihn als Dummkopf *(moghapurisa)* zu tadeln.

Etwa vom 60. Lebensjahr an machten ihm gesundheitliche Probleme zu schaffen. Ein Rückgratleiden quälte ihn und hinderte ihn daran, lange zu stehen. Wenn er sich setzte, lehnte er sich gegen eine Wand oder Säule. Mehrfach passierte es, daß er eine Lehransprache vor Schmerzen nicht fortsetzen konnte und seine Meisterjünger Sāriputta, Moggallāna, Mahākassapa oder den treuen Begleiter Ānanda bat, die Belehrung zu Ende zu führen.

Unerfreuliche Entwicklungen brachte das letzte Lehrjahrzehnt des Buddha, die Dekade seiner Lebensneige.

Devadatta, ein Vetter und zugleich der Schwager des Buddha und Mönch in seinem Orden, glaubte, daß der Meister, jetzt 70 Jahre alt, die Leitung des Ordens in andere Hände geben sollte. Eines Tages trat er vor den Buddha hin und schlug ihm vor, ihm, dem Devadatta, die Leitung des Saṅgha zu übertragen. Empört wies der Buddha den Vorschlag ab.

Um sein Ziel dennoch zu erreichen, bediente sich Devadatta des Prinzen Ajātasattu, des Sohnes des Mahārāja Bimbisāra. Er hetzte ihn auf, seinen Vater zu ermorden, um die Herrschaft über Magadha selbst zu übernehmen. Zwar wurde das Attentat vereitelt, aber Bimbisāra war von der Vorahnung weiterer Mordanschläge so geängstigt, daß er zugunsten seines Sohnes abdankte. Ajātasattu, von solcher Nachgiebigkeit ungerührt, ließ seinen Vater ins Verließ werfen und dort verhungern.

Nach diesem «Erfolg» gab Ajātasattu, nun Mahārāja, dem Devadatta freie Hand, auch seine Interessen durchzusetzen. Devadatta stiftete darauf drei Attentate auf den Buddha an – mit dem Schwert, durch Steinigung und durch einen wütenden Elefanten; alle mißlangen. Auch sein Versuch, den Orden zu spalten und die Leitung des einen Teils zu übernehmen, scheiterte. Wahrscheinlich hätte er noch weiter intrigiert, wenn sein Tod dem nicht ein Ende gesetzt hätte.

Mit Ajātasattu als Mahārāja an der Spitze brach im Königreich Magadha ein neues Zeitalter an, denn der junge Herrscher hatte Kriegspläne. Er schuf eine starke Armee und verlegte die Hauptstadt seines Reiches von Rājagaha an die Gaṅgā nach Pāṭaliputta (Patna), das er zur Festung ausbaute, um von hier aus die Vajjī-Föderation zu überfallen. Der Buddha beobachtete die Vorbereitungen mit Besorgnis.

Wie in Magadha, so trat auch im Königreich Kosala ein Herrscherwechsel ein. Durch den Verrat eines Generals, der einen geheimen Groll gegen den Kosala-Mahārāja Pasenadi hegte, kam dessen Sohn Viḍūḍabha auf den Thron. Sofort nutzte dieser seine

Macht, um einen Racheplan gegen die Sakiyas auszuführen, die seinem Vater vor Jahrzehnten ein gemischtkastiges Mädchen als Braut gesandt hatten, das dann seine, Viḍūḍabhas, Mutter geworden war. Mit seinem Heer rückte er gegen Kapilavatthu, die Heimatstadt des Buddha, vor, tötete die Bewohner und setzte die Stadt in Brand.

Die Zerstörung war so gründlich, daß die Bürger Kapilavatthus, die Viḍūḍabhas Massaker entkommen waren, später nicht mehr in die frühere Stadt zurückkehrten, sondern 16 km südwestlich davon eine neue gründeten, die sie wiederum Kapilavatthu nannten. Man hat deshalb zwei Städte gleichen Namens zu unterscheiden: Kapilavatthu I (= Tilaurakoṭ in Nepāl), wo der Buddha seine Jugend zugebracht hat, und Kapilavatthu II (= Piprahvā in Indien), wo die überlebenden Sakiyas sich nach der Zerstörung des ursprünglichen Kapilavatthu niederließen.

Die letzte Regenzeit seines achtzigjährigen Lebens brachte der Buddha in Gesellschaft des Bhikkhu Ānanda bei Vesāli zu. Nach einer Krankheit, die er nur knapp überlebte, nahm er am Ende des Monsuns seine Wandertätigkeit wieder auf, begleitet von einigem Gefolge. In winzigen Tagesmärschen ging es nach Nordwesten.

Mit Mühe erreichte die Schar über mehrere Etappen den Ort Kusinārа, wo Ānanda dem kranken Meister unter Bäumen ein Lager bereitete. Jeder ahnte, daß der Tod des greisen Lehrers bevorstand, Ānanda brach sogar in Tränen aus. Voll bewußt und bei klarem Verstand gab der Buddha letzte Anweisungen.

Es war Nacht, als er die Bhikkhus ein letztes Mal ansprach. Mit der Ermahnung, im Streben um Erlösung nicht nachzulassen, ging er ins Vollkommene Erlöschen *(parinibbāna)* ein. Die ältere Indologie bestimmt das Ereignis auf das Jahr 483 v. Chr.

Der Bhikkhu Mahākassapa war es, der die Notwendigkeit erkannte, die Äußerungen des Buddha für die Zukunft zu kodifizieren. Er berief darum für die nächste Regenzeit eine Versammlung von dienstälteren Mönchen nach Rājagaha ein: Jeder von ihnen sollte die Gelegenheit haben, Worte des Meisters, die er selbst gehört hatte, vorzutragen und von der Synode zwecks Kanonisierung billigen zu lassen. So geschah es. Vier Monate nach dem Tode des Buddha versammelten sich ausgewählte Mönche an der Sattapaṇṇi-Höhle bei Rājagaha zum Ersten buddhistischen Konzil.

Die historischen Stätten

KOSALA
MAGADHA
SAKIYA
MORIYA
KOLIYA
MALLA
VIDEHA
VAJJI
LICCHAVI
KĀLĀMA
KĀSI
VAMSĀ
AṄGA
NEPĀL
INDIEN
Kathmandu
Sāvatthi
Kapilavatthu I
Kapilavatthu II
Lumbinī
Sāketa (Ayojjhā)
Lucknow
Kusināra
Gorakhpur
Mithilā
Darbhanga
Muzaffarpur
Vesāli
Pātaliputta (Patna)
Prayāga (Allāhabād)
Kosambī
Sārnāth
Benares
Nālandā
Rājagaha
Gayā
Bodh Gayā
Uruvelā
Monghyr
Bhāgalpur
Campā
KĀLI GANDAK
ACIRAVATĪ
GHĀGARA
GOMATI
GANGES
YAMUNĀ
GANDAK
SONA
PHALGU
NERANJARĀ
BĀGHMATI
SAPTI KOSI
SUN KOSI
ARUN
Städte der Buddhazeit
nachbuddhistische Städte
heutige indisch-nepālische Grenze
Flussverlauf zur Buddhazeit
Handelsstrassen

1. Lumbinī: Geburtsort des Buddha

Siddhattha Gotama, der spätere Buddha, ist nicht in seinem Vaterhaus geboren. Hochschwanger hatte sich seine Mutter Māyā aus dem Haus ihres Gatten, des Rāja Suddhodana, von Kapilavatthu aus auf die Reise begeben, um ihr Kind mit dem Beistand ihrer Mutter in Devadaha zu gebären. Sie war zu spät aufgebrochen. Schon auf dem Wege, 25 km östlich von Kapilavatthu bei dem Dorf Lumbinī, kam der kleine Siddhattha unter einem Sāla-Baum zur Welt. Als Jahr seiner Geburt ist 563 v. Chr. errechnet worden.

Die verfrühte Geburt machte die Weiterreise sinnlos. Die erschöpfte Māyā und das Neugeborene wurden nach Kapilavatthu zurückgebracht, wo Māyā sieben Tage später starb.

Lumbinī, wo der Buddha unter einem Baum das Licht der Welt erblickte, ist 1896 archäologisch entdeckt worden. Der markanteste Fund am Ort ist eine steinerne Gedenksäule, die der buddhistische Kaiser Asoka (Herrscher 268–232 v. Chr.) hat aufrichten lassen. Sie teilt mit, der Kaiser habe die Geburtsstätte des Buddha besucht und in Lumbinī die Steuern herabgesetzt.

Die Absicht des Kaisers, das Dorf dadurch für verstärkte Ansiedlung attraktiv zu machen, blieb ohne Erfolg. Die Lage von Lumbinī, fernab von allen Handelswegen, verhinderte die Entwicklung einer Stadt. Selbst in der Blütezeit des indischen Buddhismus war der Pilgerstrom nach Lumbinī nur dünn.

Moderne Versuche der nepālischen Regierung, Lumbinī zu beleben und zu einem Kulturzentrum auszubauen, haben trotz UNESCO-Hilfe nur zu einem Anfangserfolg geführt. Immerhin ist eine Pilgerherberge modernen Entwurfs entstanden. Der nützlichste Fortschritt liegt in der Aufforstung Lumbinīs mit Sāla-Bäumen

(Shorea robusta) und dem Ausbau der Straße vom Grenzort Sonauli nach Lumbinī und von dort weiter nach Kapilavatthu. Der Straßenabschnitt bis Lumbinī ist in gutem Zustand, die Fortsetzung nach Kapilavatthu I (Tilaurakoṭ) noch unfertig. Sie besteht aus einer Trasse ohne Teerung, der ein paar Brücken über kleinere Flüsse noch fehlen und die nur in der trockenen Jahreszeit befahrbar ist. Bei klarem Wetter, am wahrscheinlichsten im Oktober, sieht man von Lumbinī und Kapilavatthu aus die Vorberge des Himālaya und einzelne Schneegipfel.

1

1 Lumbinī. Im Vordergrund der Teich, in dem Siddhattha nach der Geburt gebadet worden sein soll, dahinter die Gedenksäule des Kaisers Asoka und der Tempel, der der Mutter des Buddha gewidmet ist.

> 2 Der erst 1933/34 errichtete Māyā-Tempel zu Lumbinī erinnert an die Mutter des Buddha, die hier im Schatten eines Baumes ihr Kind gebar. Zu seinem Hauptraum muß man von der Plattform eine Treppe hinuntersteigen. Die lichtarme Hauptkammer enthält ein abgewetzes, wohl aus dem 5. Jh. n. Chr. stammendes Steinrelief, das die Buddha-Mutter darstellt, die sich am Ast des Sāla-Baumes festhält, während das Kind aus ihrer rechten Hüfte austritt. Ein zweites, modernes Relief stellt die gleiche Szene dar.

2

3

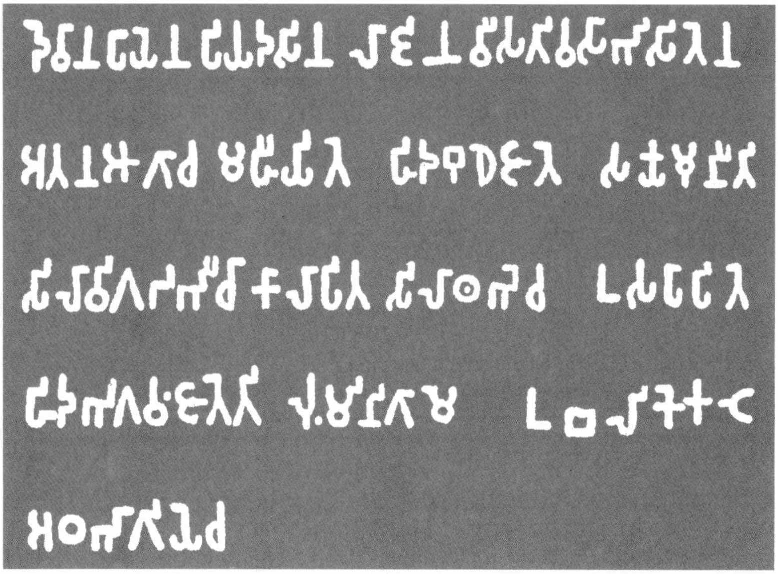

3 Das Edikt des Kaisers Asoka auf der Säule von Lumbinī.

4 Die von Kaiser Asoka in Lumbinī aufgestellte Säule trägt in Brāhmī-Schrift und Māgadhī-Sprache die Inschrift:

> Zwanzig Jahre nach seiner Weihe kam König Devānapiya Piyadasi (= Asoka) hierher und bezeigte seine Verehrung, weil der Buddha, der Weise aus dem Sakya-Geschlecht, hier geboren worden ist. Er ließ ein Steinrelief (?) anfertigen und eine Steinsäule errichten, um anzuzeigen, daß hier der Erhabene geboren wurde. Das Dorf Lumbinī befreite er von Steuern und (setzte) seine Naturalabgaben (von dem üblichen Viertel) auf ein Achtel herab.

Nach dem Bericht des chinesischen Reisenden Xuanzang, der Lumbinī im 7. Jh. n. Chr. besuchte, war die Säule schon damals beschädigt und ihr Kapitell in Form eines Pferdes abgebrochen. Xuanzang sah das Kapitell auf dem Boden liegen, heute ist es verschwunden.

Im heutigen Zustand ist die Säule 6,40 m hoch und von einem Blitzschlag der Länge nach gespalten. Sie wird durch einen eisernen Ring zusammengehalten und ist oben durch eine Steinplatte vor dem Verwittern geschützt.

Der «Stūpa» im Hintergrund wurde bei Aufräumarbeiten aus verstreuten Steinen aufgeschüttet.

4

KĀLI GANDAK
Kathmandu
MORIYA
Kapilavatthu I
Lumbinī
Sāvatthi
Kapilavatthu II
SAKYA
KOLIYA
VIDEHA
SUN KOSI
ARUN
ACIRAVATĪ
Sāketa
(Ayojjhā)
Kusinārā
Mithilā
Lucknow
Gorakhpur
MALLA
GANDAK
NEPĀL
KOSALA
VAJJI
Darbhanga
INDIEN
GHĀGARA
LICCHAVI
Muzaffarpur
Vesālī
BĀGHMATĪ
GOMATĪ
KĀLĀMA
SAPTI KOSI
VAMSĀ
GANGES
KĀSI
GANGES
Pātaliputta (Patna)
YAMUNĀ
Prayāga
(Allāhabād)
Sārnāth
SONA
PHALGU
Kosambī
Benares
Monghyr
Bhāgalpur
Campā
MAGADHA
Nālandā
Rājagaha
AṄGA
Gayā
Bodh Gayā
NERANJARĀ
Uruvelā
Städte der Buddhazeit
nachbuddhistische Städte
heutige indisch-nepālische Grenze
Flussverlauf zur Buddhazeit
Handelsstrassen

2. Kapilavatthu I (Tilaurakoṭ): Heimatstadt des Buddha

Eine Woche, nachdem sie ihrem Sohn bei Lumbinī unter einem Baum das Leben geschenkt hatte, war Māyā in Kapilavatthu gestorben. Die Pflege und Erziehung des kleinen Siddhattha übernahm ihre Schwester Pajāpatī (später: Mahāpajāpatī), die als Zweitfrau ebenfalls mit dem Vater des Buddha, dem Rāja Suddhodana Gotama, verheiratet war.

Der Rāja-Titel Suddhodanas hat dazu geführt, daß man sich von Kapilavatthu, der Hauptstadt der Sakiya-Republik, übertriebene Vorstellungen gemacht hat. In Wahrheit war der Sakiya-Rāja kein König, sondern der vom und aus dem Kriegeradel gewählte Gouverneur. Sein Haus in Kapilavatthu, in dem auch sein Sohn Siddhattha wohnte, war sicherlich großzügiger angelegt als die anderen Häuser der Stadt, aber kein «Palast» *(pāsāda)*. Das Wort Pāsāda bezeichnet im altindischen Sprachgebrauch einfach ein mehrstöckiges Gebäude. Wie damals üblich, war es aus Lehmziegeln und Holz errichtet.

In Kapilavatthu I (im heutigen Nepāl) verbrachte Siddhattha seine Kinder-, Jünglings- und frühen Mannesjahre. Sechzehnjährig heiratete er, als er 29 war, kam sein Sohn Rāhula zur Welt. Unmittelbar nach Rāhulas Geburt verließ er, des häuslichen Lebens überdrüssig, Familie und Heimatstadt, um als Wanderbettler den Weg zur Erlösung zu suchen.

Acht und mehr Jahre nach seinem Auszug aus Kapilavatthu hat er, inzwischen zum «Buddha» geworden, seine Heimatstadt mehrfach wieder aufgesucht. Die Besuche verliefen nicht ohne Peinlichkeiten, da manche Bürger, die Siddhattha als verwöhnten Rāja-Sohn gekannt hatten, ihm seinen Rang als Buddha nicht glaubten.

Zudem kam es zu Differenzen mit dem Rāja Suddhodana und der Mutter Rāhulas, die es nicht verwinden konnte, daß Siddhattha sie und das Kind um der Erlösungssuche willen verlassen hatte.

Die Frage, ob die Heimatstadt des Buddha mit Tilaurakoṭ in Nepāl oder mit Piprahvā in Indien identisch ist, beschäftigt die Archäologen seit hundert Jahren und hat zu nationalistisch gefärbter indisch-nepālischer Polemik geführt. Für Tilaurakoṭ spricht die Lage, denn aus dem Pāli-Kanon geht hervor, daß Kapilavatthu westlich des Flusses Rohinī lag; der tibetische Vinayapiṭaka ergänzt, die Stadt sei am Ufer des Flusses Bhagīrathi gelegen. Die Rohinī, heute Rowāī, fließt 10 km östlich von Tilaurakoṭ; die Bhagīrathi, heute Baṅgaṅgā, fließt westlich an Tilaurakoṭ vorbei, berührt den Ort aber nicht mehr, da sie ihr Flußbett nach Westen verlagert hat.

Ebenfalls auf Tilaurakoṭ verweisen die Angaben des chinesischen Indien-Pilgers Faxian, der Indien von 399 bis 414 bereiste. Er lokalisiert Kapilavatthu nahe bei den Stätten, die mit den mythischen Buddhas der Vorzeit, Kakusandha und Koṇāgamana, verbunden sind. Diese Plätze sind durch alte Stūpas und Säulen identifiziert und liegen Tilaurakoṭ direkt benachbart. Faxian beschreibt Kapilavatthu zur Zeit seines Besuchs (im 5. Jh. n. Chr.) als nur von ein paar Mönchen und einigen schlichten Familien bewohnt. Die Gegend sei desolat, der Pilger möge sich vor Elefanten und Löwen hüten.

Kapilavatthu I (Tilaurakoṭ) liegt in einer sandigen, aber fruchtbaren Ebene und erhebt sich als Plattform etwa 4 m über das Bodenniveau der Umgebung. Anscheinend handelt es sich um eine einstige Sandbank im Bhagīrathi- oder Baṅgaṅgā-Fluß. Das Plateau hat die Form eines verzogenen Rechtecks von 400 m Seitenlänge, dem die obere linke Ecke fehlt. Es ist heute mit Gras und Bäumen bedeckt und als archäologisch geschütztes Gelände unbewohnt.

Nicht auf Beschreibungen in alten Büchern, sondern auf Funde können diejenigen verweisen, die das indische Piprahvā für das alte Kapilavatthu, die Heimatstadt des Buddha, halten. Ihre Beweise können die Argumente für das nepālische Tilaurakoṭ nicht entkräften. Man muß zwei Kapilavatthus unterscheiden: Kapilavatthu I

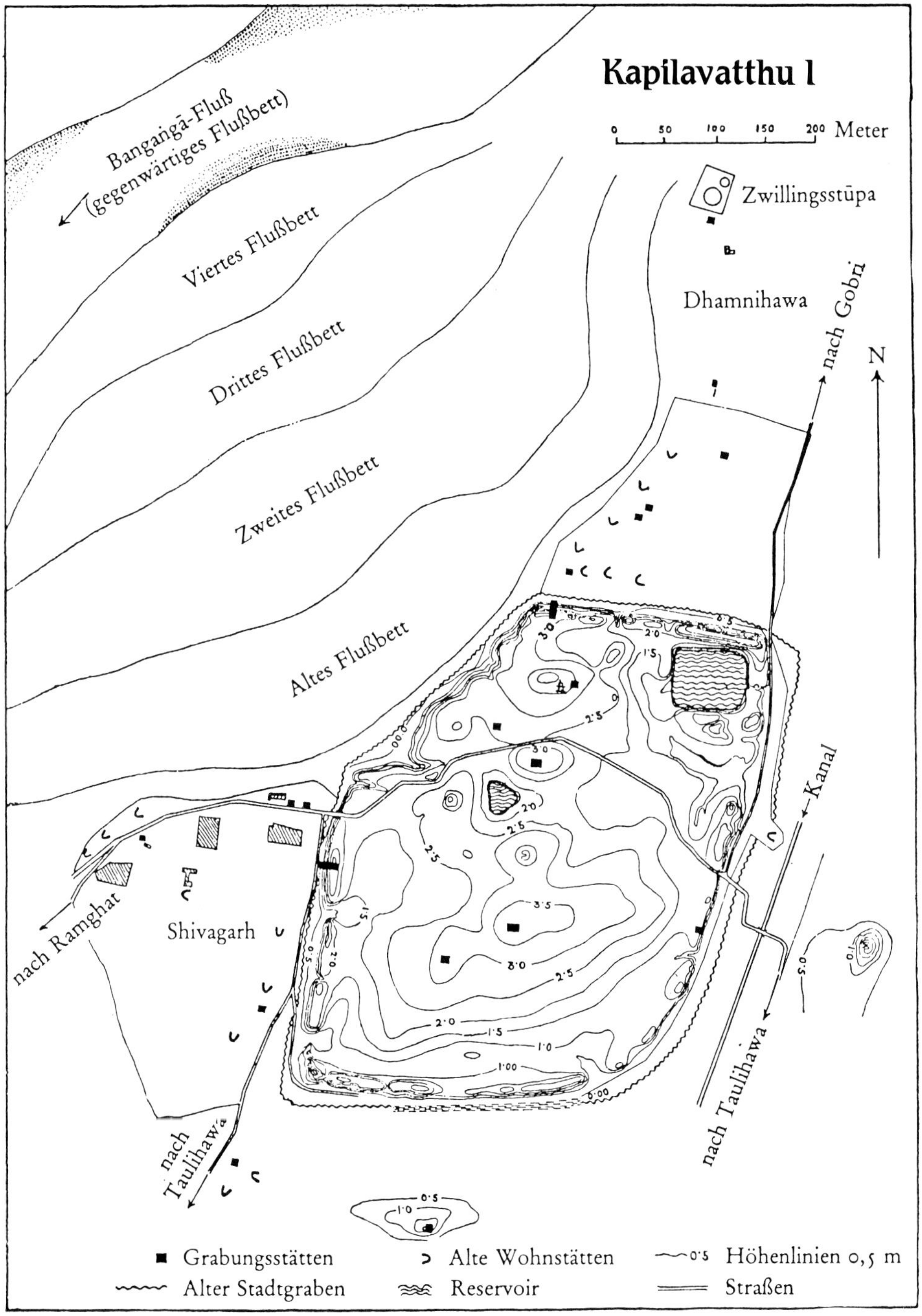
Kapilavatthu I
0 50 100 150 200 Meter
Zwillingsstūpa
Dhamnihawa
nach Gobri
N
Bangangā-Fluß (gegenwärtiges Flußbett)
Viertes Flußbett
Drittes Flußbett
Zweites Flußbett
Altes Flußbett
Kanal
nach Ramghat
Shivagarh
nach Taulihawa
nach Taulihawa
Grabungsstätten
Alte Wohnstätten
Höhenlinien 0,5 m
Alter Stadtgraben
Reservoir
Straßen

(Tilaurakoṭ), wo der Buddha seine Jugend verbrachte und das noch vor seinem Tode vom Kosala-Mahārāja Viḍūḍabha zerstört wurde, und das als Ersatz gegründete Kapilavatthu II (Piprahvā), wo man später seine Asche beisetzte.

Um ihren Anspruch auf das originale Kapilavatthu deutlich zu machen, hat die nepālische Regierung den archäologischen Ort Tilaurakoṭ («Alte Ruine») 1961 in (Skt:) «Kapilavastu» zurückbenannt. Der ehemalige Verwaltungsbezirk Taulihawa heißt heute «Kapilavastu District».

---

5 Der Blick vom Plateau von Kapilavatthu I in die Landschaft. Der Boden ist geeignet für Ackerbau und Reiszucht. Der Name des Buddha-Vaters, Suddhodana, «Der, dessen (gekochter) Reis rein ist», weist auf die Reiskultur der Buddhazeit hin.

6 Bei der dreieckigen flachen Senke in der Mitte des Kapilavatthu-Plateaus – im Bild durch helleres Gras erkennbar – könnte es sich um den ehemaligen Teich mit blauem, rotem und weißem Lotos handeln, den die Pāli-Texte als bei Rāja Suddhodanas Haus gelegen erwähnen. Das Haus mag dort gestanden haben, wo heute die Reste eines buddhistischen Klosters zu sehen sind (Bildmitte links).

> 7 Mauerfundamente buddhistischer Anlagen aus dem 2./1. Jh. v. Chr. markieren den mutmaßlichen Ort von Siddhatthas Elternhaus.

Bebauung aus der Buddhazeit (6./5. Jh. v. Chr.) ist in Kapilavatthu I nicht erhalten. Dies ist sowohl auf die Lehmziegel und Holzbauweise als auch auf die Zerstörung Kapilavatthus durch König Viḍūḍabha zurückzuführen. Viḍūḍabha hatte noch als Prinz entdeckt, daß sich die Sakiyas von Kapilavatthu darüber lustig machten, daß seine Mutter keine reinkastige Frau des Kriegeradels, sondern die Tochter eines Sakiya-Adligen mit einer Sklavin war. Sobald er die Herrschaft über das Kosala-Reich an sich gebracht hatte, nahm er an den Einwohnern Kapilavatthus Rache. Er eroberte die Stadt, tötete ihre Bewohner und zerstörte ihre Häuser. Das Ereignis geschah kurz vor dem Tode des Buddha.

Kapilavatthu wurde nach der Zerstörung nicht wieder aufgebaut. Später entstand am Ort ein buddhistisches Kloster.

5

6

7

8

8, 9 Neunundzwanzig Jahre alt, kurz nach der Geburt seines Sohnes Rāhula, ließ Siddhattha Haus und Familie hinter sich und zog hinaus in das Leben eines Wandermönchs. Die Erlösung von Wiedergeburt und Leiden zu finden war ihm wichtiger als seine Familie.

Er verließ Kapilavatthu durch das Osttor. Daß die Bebauungsreste in die Buddhazeit zurückreichen, ist nach Auffassung europäischer Archäologen ausgeschlossen.

10 Das vom königlich-nepālischen Archäologie-Department aufgestellte Schild besagt: «Das östliche Tor, auch ‹Tor des Hinausziehens› genannt, ist das Tor, durch das der Buddha sein weltliches Leben verließ. Der Torkomplex besteht aus einem 19 Fuß breiten Fahrweg, der beidseitig von Bastionen flankiert ist. Unter den bei Ausgrabungen gefundenen Gegenständen sind Terrakottafigürchen von Menschen und Tieren, Münzen, Schmuckperlen, Armreifen, ein Siegel mit Inschrift in Brāhmī, ein Siegelabdruck sowie Scherben von bemalter grauer und nördlich-schwarzer polierter Keramik.»

9

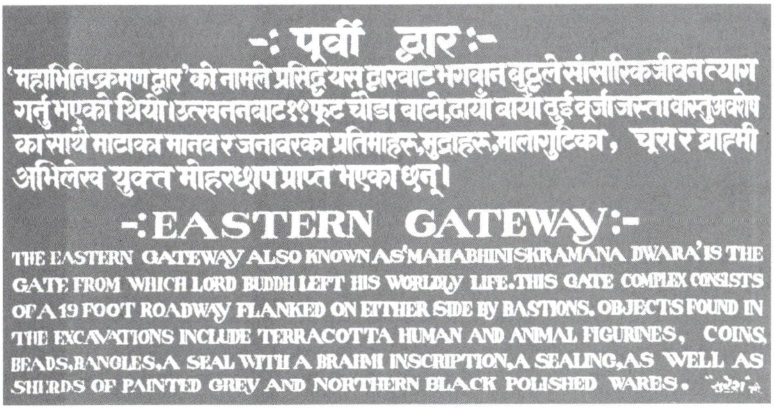
-: पूर्वी द्वार :-
‘महाभिनिष्क्रमण द्वार’ को नामले प्रसिद्ध यस द्वारबाट भगवान बुद्धले सांसारिक जीवन त्याग
गर्नु भएको थियो। उत्खननबाट १९ फूट चौडा बाटो, दायाँ बायाँ दुई बूर्जा जस्ता वास्तुअवशेष
का साथै माटाका मानव र जनावरका प्रतिमाहरू, मुद्राहरू, मालागुटिका, चूरा र ब्राह्मी
अभिलेख युक्त मोहरछाप प्राप्त भएका छन्।
-:EASTERN GATEWAY:-
THE EASTERN GATEWAY ALSO KNOWN AS 'MAHABHINISKRAMANA DWARA' IS THE
GATE FROM WHICH LORD BUDDH LEFT HIS WORLDLY LIFE. THIS GATE COMPLEX CONSISTS
OF A 19 FOOT ROADWAY FLANKED ON EITHER SIDE BY BASTIONS. OBJECTS FOUND IN
THE EXCAVATIONS INCLUDE TERRACOTTA HUMAN AND ANIMAL FIGURINES, COINS,
BEADS, BANGLES, A SEAL WITH A BRAHMI INSCRIPTION, A SEALING, AS WELL AS
SHERDS OF PAINTED GREY AND NORTHERN BLACK POLISHED WARES.

10

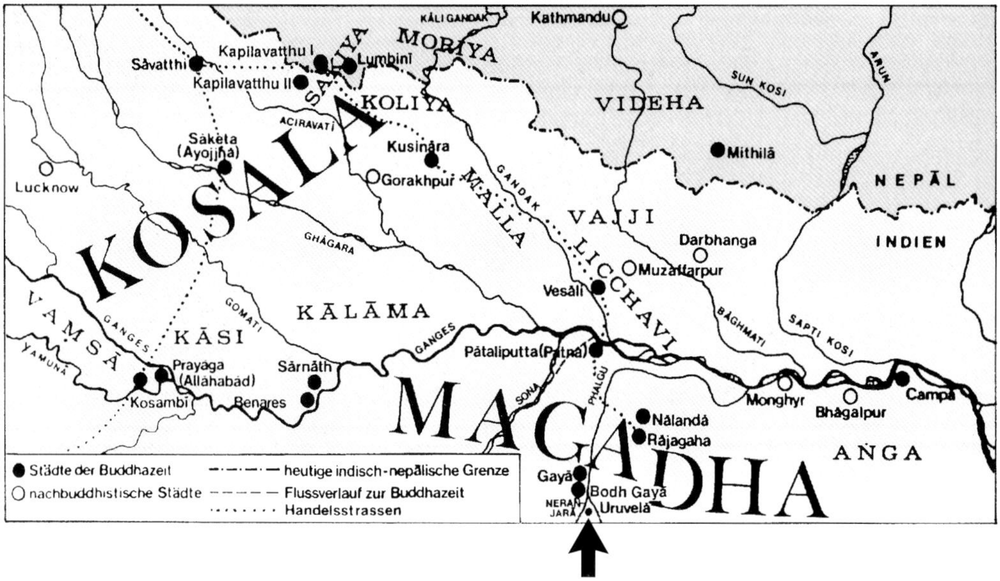

KOSALA
MAGADHA
KĀLĀMA
KĀSI
VAMSĀ
KOLIYA
MORIYA
SAKIYA
MALLA
VAJJI
LICCHAVI
VIDEHA
ANGA
NEPĀL
INDIEN
Kathmandu
Sāvatthi
Kapilavatthu I
Kapilavatthu II
Lumbinī
Sāketa (Ayojjhā)
Lucknow
Kusināra
Gorakhpur
Mithilā
Darbhanga
Muzaffarpur
Vesāli
Pātaliputta (Patna)
Prayāga (Allāhabād)
Kosambī
Sārnāth
Benares
Nālandā
Rājagaha
Monghyr
Bhāgalpur
Campā
Gayā
Bodh Gayā
Uruvelā
NERAN-JARĀ
KĀLI GANDAK
SUN KOSI
ARUN
ACIRAVATĪ
GANDAK
GHĀGARA
GOMATI
GANGES
YAMUNĀ
SONA
PHALGU
BĀGHMATI
SAPTI KOSI
Städte der Buddhazeit
nachbuddhistische Städte
heutige indisch-nepālische Grenze
Flussverlauf zur Buddhazeit
Handelsstrassen

3. Uruvelā: Stätte der Askese

Von Kapilavatthu war Siddhattha nach Südosten gewandert, hatte sich Haar und Bart geschoren, das Fetzengewand eines Bettelmönchs angelegt und sich südlich der Gaṅgā bei Rājagaha dem Schulhaupt Āḷāra Kālāma unterstellt. Nicht überzeugt vom Heilswert seiner Lehren wandte er sich jedoch bald wieder von ihm ab und einem zweiten Lehrer zu, dem Uddaka Rāmaputta, einem Interpreten der Upaniṣad-Philosophie. Aber auch Uddakas Unterweisungen befriedigten ihn nicht. Wieder begab er sich auf die Wanderung. Kaum ein Jahr hatte sein Aufenthalt bei den beiden Lehrern gedauert.

Im Wald bei Uruvelā, einem Dörfchen am Fluß Nerañjarā, ließ er sich nieder und begann eine rigorose Askese. Voller Bewunderung für seine Strenge schlossen sich ihm fünf andere Wanderasketen an. Sie verabredeten, daß der erste, der von ihnen die Wahrheit *(dhamma)* findet, sie den anderen mitteilen werde.

Fünf Jahre lang trieb Siddhattha solche Askese. Eines Tages jedoch erkannte er, daß ein Körper mit Mangelerscheinungen zur Wahrheitssuche untauglich ist. Als ihm Speise angeboten wurde, nahm er sie an, aß und kam wieder zu Kräften. Enttäuscht wandten sich die fünf Askese-Gefährten von ihm ab: Siddhattha schien der Erlösungssuche untreu geworden.

Die Stätte von Siddhatthas Askese bei Uruvelā liegt auf der Landzunge zwischen den Flüssen Nerañjarā (heute: Nilājanā) und Mohanā, die weiter nördlich zusammenfließen und dadurch die Phalgu bilden. Beide Zuflüsse sind in der Trockenzeit Sandstreifen von einem Kilometer Breite. Einst bewaldet, ist das Dreieck zwischen den Flüssen heute landwirtschaftlich genutzt und mit Palmen und Laubbäumen schütter bewachsen.

II

12

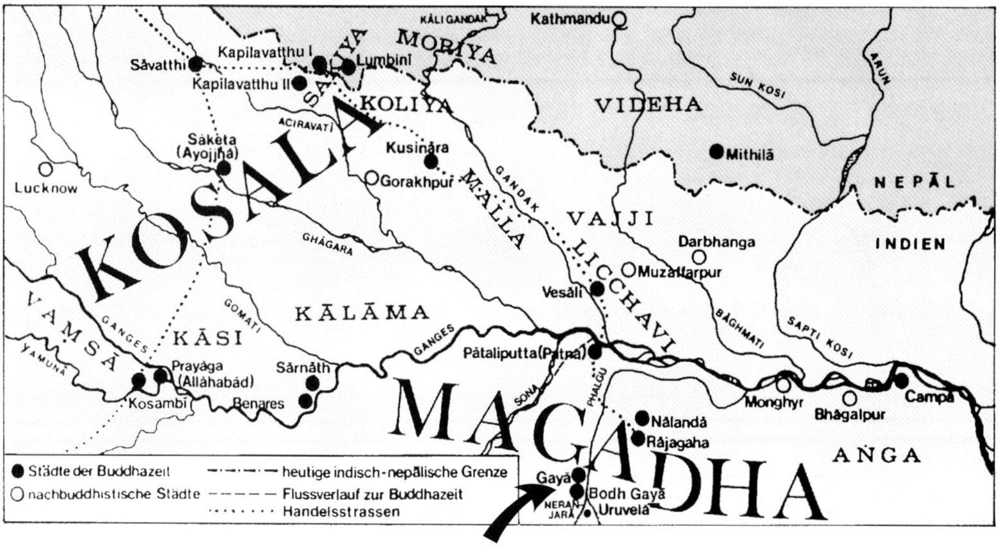

Zu Seite 52 bis 55:

11 Obwohl keinerlei Hinweis die Lokalisierung der Stätte von Siddhatthas Askese bei Uruvelā erlaubt, behaupten die örtlichen Pilgerführer, den Platz zu kennen. Er liege dort, wo sich heute der kleine Hindu-Schrein (Bildmitte hinten) erhebt.

12 Die Askese hatte sich als Irrweg erwiesen, vielleicht war Meditation der richtige Weg zur Erlösung. Also brach Siddhattha auf, überquerte die wasserlose Nerañjarā und ließ sich an der Stelle nieder, wo heute der Mahābodhi-Tempel aufragt (jenseits des trockenen Flußbettes, links von der Bildmitte).

4. Bodh Gayā: Erleuchtung

Im heutigen Bodh Gayā unter einem Baum im Schatten sitzend versenkte sich Siddhattha in sich selbst, und tatsächlich erwies sich die Meditation als Mittel zur Einsicht. Eines Nachts ging dem fünfunddreißigjährigen Rāja-Sohn die Erkenntnis von drei Dingen auf:

- Er begriff, daß alle Wesen der Wiedergeburt unterworfen sind und eine Unzahl von Vorexistenzen durchlaufen haben;
- er durchschaute, daß die Wiedergeburt durch die Qualität der Taten *(kamma)* bestimmt wird und gutes Tun zu besserer, schlechtes Tun zu schlechterer Wiedergeburt führt;
- er erkannte diesen Wiedergeburtenkreislauf als Leiden *(dukkha)* und als bedingt durch Gier, Haß und Wahn.

In diesem Augenblick der Erkenntnis des Weltgesetzes *(dhamma)* war der Sucher Siddhattha Gotama zum Buddha, zu einem «Erwachten» oder «Erleuchteten» geworden. Alle Bindungen waren von ihm abgefallen, er hatte das Nibbāna (Skt: *Nirvāṇa*) erreicht, die Freiheit von weiterer Wiedergeburt. Jubelnd rief er aus:

> Gesichert ist meine Erlösung,
> dies ist meine letzte Geburt,
> ein Wiedererstehen gibt es nicht mehr!

Die buddhistische Tradition nimmt als Zeitpunkt der Erleuchtung die erste Vollmondnacht des Monats Vesākha (April/Mai) an und bestimmt den Baum, unter dem Siddhattha zum Buddha wurde, als einen Pippala- oder Assattha-, einen Pappelfeigenbaum. Der Vesākha-Vollmond gilt deshalb als der höchste Feiertag der buddhistischen Welt, der Pippala als der heilige Baum. Die ältere Indologie hat für die Erleuchtung des Buddha das Jahr 528 v. Chr. errechnet.

Der Ort der Erleuchtung ist heute durch den Mahābodhi-Tempel gekennzeichnet, aber nicht das Bauwerk, sondern der Erleuchtungsbaum ist der Gegenstand der Verehrung.

In und um Bodh Gayā fallen dem Besucher zuweilen Leute mit Augenverbänden auf. Buddhistische Spender veranstalten hier in der kühleren Jahreszeit oft «Eye Camps», in denen bedürftige Kranke durch Augenärzte kostenlos behandelt werden. Da dem Siddhattha Gotama in Bodh Gayā «das Auge der Wahrheit *(dhammacakkhu)* aufgegangen» ist, verheißt der Ort für Augenoperationen erhöhten Erfolg.

---

13 Der 55 m hohe Mahābodhi-Tempel zu Bodh Gayā an der Erleuchtungsstätte des Buddha birgt auf ebener Erde einen Schreinraum, in dem eine vergoldete Buddhaskulptur zur Andacht einlädt. Den Innenraum der oberen Etage füllt eine Bibliothek mit dem buddhistischen Kanon in Tibetisch. Die Empore ist auf besondere Bitte zugänglich, jedoch ist auf dieser Ebene die Umwanderung des Tempels im Rechtskreis – die indische Verehrungsweise für heilige Stätten – infolge einer Absperrung nicht möglich.

Der Tempel stammt in seinen ältesten Teilen aus dem 1. Jh. n. Chr. Im 5. oder 6. Jh. ließ ein Gupta-Herrscher den Turm errichten, im 8. Jh. wurde der Tempel vergrößert, im 13. Jh. von islamischen Truppen beschädigt, aber – zum Teil mit Hilfe aus Burma – wiederhergestellt und im 14. Jh. durch die Ecktürme ergänzt. Danach kam durch das Ende des Buddhismus in Indien das religiöse Leben auch in Bodh Gayā zum Erliegen, die Ecktürme stürzten zusammen. Im 18. Jh. nahm eine hinduistische Religionsgruppe den verfallenen Tempel unter ihre Verwaltung, führte aber keine Restaurierungsarbeiten durch. Erst mit dem Wiedererstarken des Theravāda-Buddhismus in Ceylon (Śrī Laṅkā) gegen Ende des 19. Jh.s wurden Gelder für die Restaurierung verfügbar. Mitte des 20. Jh.s wurde sie energisch in Angriff genommen.

13

14 Der Mahābodhi-Tempel stand seit dem 18. Jh. unter hinduistischer Leitung. Der Hindu-Oberpriester (Mahant) argumentierte, der Buddha sei eine Erscheinungsform *(avatāra)* des Hindugottes Viṣṇu; es sei daher rechtens, daß der Tempel hinduistisch verwaltet wird.

Die Änderung dieses Zustandes bewirkte der ceylonesische Buddhismus-Missionar Anagārika Dharmapāla (1864–1933). Das von ihm in Gang gesetzte Gerichtsverfahren endete 1949 damit, daß den Buddhisten die Mitverwaltung des alten Heiligtums zugesprochen wurde. Seitdem wird der Tempel von einem Komitee von buddhistischen und hinduistischen Mönchen und Laien geleitet.

Die Sorge Dharmapālas um den Tempel war berechtigt, denn die Stätte war extrem verkommen; kaum gehindert konnten Museen und Sammler Buddhaskulpturen entfernen. Die Hindu-Mahants von Bodh Gayā haben zahlreiche alte Steinskulpturen vor dem Entwendetwerden bewahrt, indem sie sie aus dem Tempelbereich in den Hof ihres örtlichen Klosters (Maṭh) verbrachten.

Die Nischen und Brüstungen des Mahābodhi-Tempels füllen sich heute wieder mit gestifteten modernen, im traditionellen Stil gemeißelten Skulpturen.

15 Das verehrungswürdigste Objekt in Bodh Gayā ist der Bodhi-Baum, unter dem Siddhattha Gotama die Erleuchtung *(bodhi)* erlangte und zum Buddha wurde. Er lehnt sich direkt an den Tempel an (im Bild links am Tempelturm). Es handelt sich um einen Assattha- oder Pippala-, einen Pappelfeigenbaum (Ficus religiosa), der an Hand seiner charakteristischen Blätter mit der langen Spitze leicht zu identifizieren ist. Er wirft im November/Dezember winzige, einen Zentimeter große Feigen ab.

Nur mangelhaft unterrichtete Besucher Bodh Gayās halten allerdings den dortigen Pippala für den originalen alten Erleuchtungsbaum. Aufgeklärtere Pilger wissen, daß der Baum in den 25 Jahrhunderten seit der Bodhi des Buddha mehrfach ersetzt worden ist. Das beeinträchtigt nicht ihre Andacht, denn nach buddhistischer Überzeugung ist es nicht der Gegenstand der Verehrung, sondern die innere Haltung des Pilgers, die den Verehrungsakt für ihn kammisch heilsam macht.

Ein Schutzherr des Bodhi-Baums war der buddhistische Kaiser Asoka (Reg. 268–232 v. Chr.). Er errichtete um den Baum einen (nicht erhaltenen) Steinzaun und ließ dem zum Buddhismus übergetretenen König von Ceylon (Laṅkā) in Anurādhapura einen Steckling überbringen. Aus diesem erwuchs in der ceylonesischen Königsstadt ein mächtiger Baum, dessen Ableger oder Samen wiederholt dazu gedient haben, den Baum von Bodh Gayā nach Zerstörungen zu ersetzen.

Das erste Absterben des heiligen Bodhi-Baums von Bodh Gayā fällt noch in die Zeit Asokas. Aus einem Ableger des Pippala von Anurādhapura wurde ein neuer Baum gezogen, aber dieser fiel Anfang des 7. Jh. n. Chr. dem Haß des buddhismusfeindlichen Gauḍa-König Śaśāṅka zum Opfer. Śaśāṅka ließ den Pippala von Bodh Gayā fällen und seine Wurzeln verbrennen.

Wieder wurde der Baum durch einen aus Ceylon herangebrachten Ableger ersetzt: Er wurde 1876 durch einen Sturm entwurzelt. Ob der heute in Bodh Gayā stehende Pippala aus einem Sproß des gestürzten Baumes oder einem Ableger aus Anurādhapura erwachsen ist, ließ sich nicht in Erfahrung bringen. Der heutige Baum ist allenfalls ein Enkel, wahrscheinlicher ein Ur- oder Ur-Urenkel des originalen Baumes, unter dem Siddhattha Gotama zum «Buddha» wurde.

14

15

वज्रासन-ज्ञान स्थली

16

16 Der Bodhi-Baum an der hinteren (westlichen) Seite des Mahābodhi-Tempels ist durch einen modernen Steinzaun im Stil des einstigen Asoka-Zauns geschützt. Die Abschirmung ist nötig, denn zuweilen möchten allzu viele Besucher Ehrenflaggen und Wimpel an dem Baum befestigen.

Der Baum wird nicht nur von Buddhisten aller Länder Asiens besucht, auch viele Hindus bringen hier dem Buddha Verehrung dar. Nach ihrer Auffassung war Gotama eine Erscheinungsform des Gottes Viṣṇu. Zumeist sind es Pilger, die in Gayā, einem Wallfahrtsort für die hinduistische Ahnenverehrung, geopfert haben und die Gelegenheit wahrnehmen, auch das 10 km von Gayā entfernte buddhistische Bodh Gayā zu besuchen.

17

18

17, 18 Eine flache, der Asoka-Zeit zugeschriebene Steinplatte zwischen dem Bodhi-Baum und der Rückseite des Mahābodhi-Tempels kennzeichnet die Stelle, an der dem meditierenden Siddhattha Gotama die Erleuchtung zum Buddha aufging. Die Stelle heißt «der Diamantsitz» (Skt: *Vajrāsana*).

Zu Seite 68 bis 71:

19 Votivstūpas in allen Stilarten Asiens zeigen, wie stark Bodh Gayā vor dem Aussterben des Buddhismus in Indien im 12. Jh. und wieder seit dem 19. Jh. besucht wurde und wird. Ein tibetischer Buddha-Mönch ist dabei, Blätter des Bodhi-Baums aufzusammeln, um sie an die Gläubigen zu verteilen.

20, 21 Die Stille des heiligen Ortes lädt ein, den Tempelbezirk immer wieder zu umwandern – in Uhrzeigerrichtung, der indischen Weise der Verehrung von ehrwürdigen Personen und Stätten. Tibetische Pilger machen die Rechtsumkreisung oft, indem sie sich ständig hinwerfen und so den Weg mit dem Körper ausmessen.

19

20

KĀLI GANDAK
Kathmandu
MORIYA
Kapilavatthu I
Lumbinī
Sāvatthi
Kapilavatthu II
SAKYA
KOLIYA
VIDEHA
SUN KOSI
ARUN
ACIRAVATĪ
Sāketa (Ayojjhā)
Kusināra
Mithilā
Lucknow
Gorakhpur
KOSALA
GANDAK
MALLA
NEPĀL
VAJJI
Darbhanga
INDIEN
GHĀGARA
LICCHAVI
Muzaffarpur
Vesāli
GOMATĪ
KĀLĀMA
VAMSĀ
GANGES
KĀSI
BĀGHMATĪ
SAPTI KOSI
Pātaliputta (Patna)
YAMUNĀ
Prayāga (Allāhabād)
Sārnāth
SONA
PHALGU
Kosambī
Benares
MAGADHA
Monghyr
Bhāgalpur
Campā
Nālandā
Rājagaha
ANGA
Gayā
Bodh Gayā
NERANJARĀ
Uruvelā
Städte der Buddhazeit
nachbuddhistische Städte
heutige indisch-nepālische Grenze
Flussverlauf zur Buddhazeit
Handelsstrassen

5. Sārnāth (Isipatana): Erste Lehrverkündigung

Die Meditation unter dem Pippala-Baum von Bodh Gayā hatte Siddhattha die Erleuchtung zum Buddha gebracht. Nun drängte es ihn, seine Erkenntnisse darzulegen. Nach Benares, wo die fünf Gefährten seiner Askesezeit sich jetzt aufhielten, machte er sich auf den Weg, eine Strecke von etwa 120 km Luftlinie.

Kondañña, Bhaddiya, Vappa, Mahānāma und Assaji waren keineswegs erfreut, als sie Gotama im Wildpark (Migadāya) von Isipatana (heute: Sārnāth) bei Benares herankommen sahen, aber ihre Ablehnung schmolz dahin, als sie die Würde des sich Nähernden erkannten. Ehrerbietig begrüßten sie ihn. Wenig später hielt der Buddha vor ihnen seine erste Lehrrede *(sutta),* das berühmte «Sutta vom Ingangsetzen des Rades der Lehre». Die älteren Buddhismusforscher nehmen für das Ereignis das Jahr 528 v. Chr. an.

Die Belehrung des Buddha über den Mittleren Weg und die Vier Wahrheiten machte auf die fünf Asketen tiefen Eindruck. Als erstem ging dem Kondañña die Erkenntnis des Dhamma auf, und er bat den Buddha, ihn als Jünger und Mönch anzuerkennen. Bald baten auch Vappa und Bhaddiya, dann Mahānāma und Assaji um die Ordination als Mönche *(bhikkhu).* Damit war der buddhistische Mönchsorden *(saṅgha)* gebildet. Wenige Wochen danach zählte die Buddhagemeinde bereits 61 Bhikkhus und Laien.

Schon in Bodh Gayā hatten sich die Karawanen-Händler Tapussa und Bhallika zu Laienanhängern *(upāsaka)* des Buddha erklärt, aber erst in Benares mit der Konversion des reichen Kaufmanns Yasa (des älteren) und seiner Frau begann die Laienschaft, eine tragfähige Grundlage für den Orden zu werden. Es war die rasch wachsende Laiengemeinde, die den Mönchen durch ihre Al-

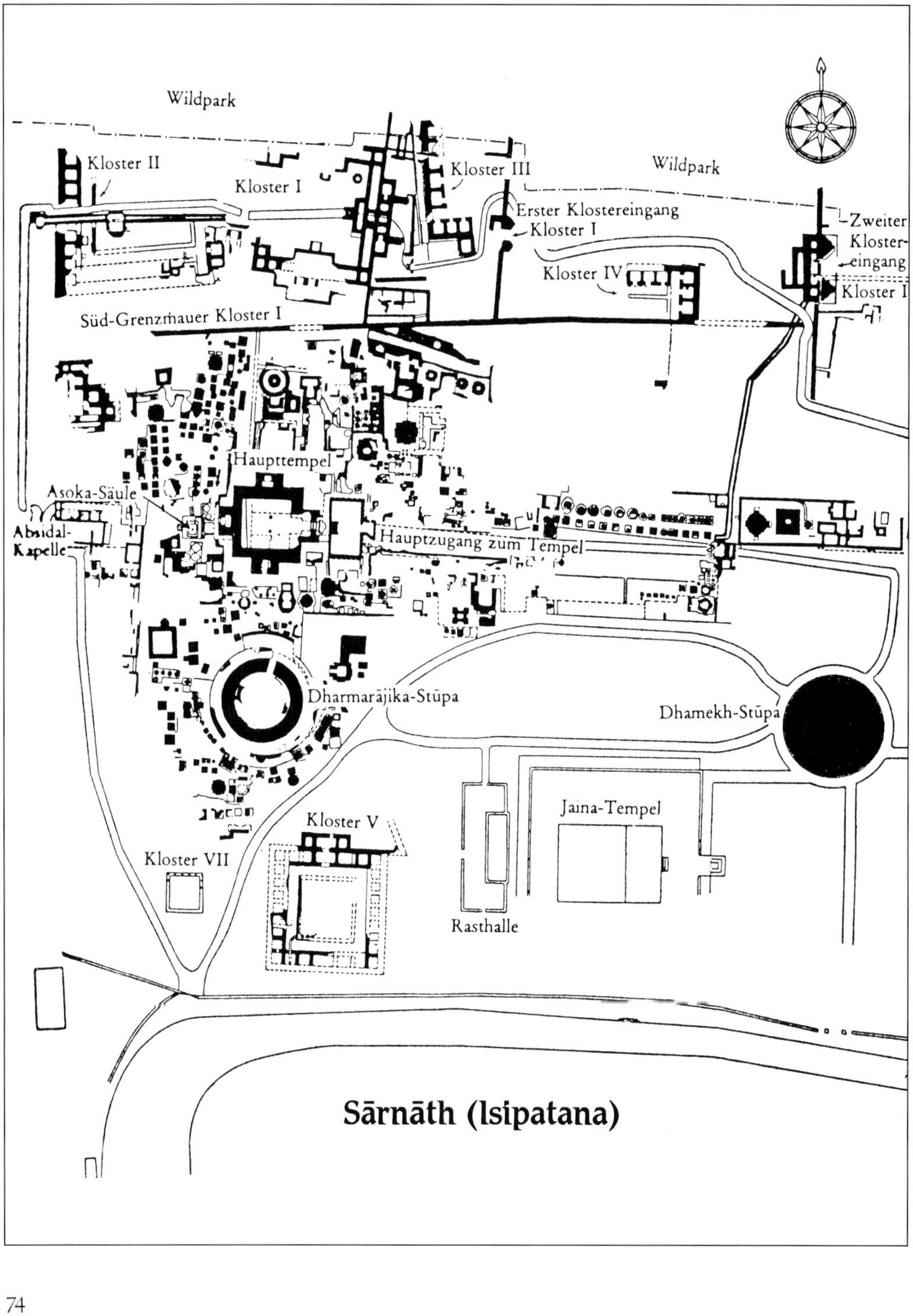
Wildpark
Kloster II
Kloster I
Kloster III
Wildpark
Erster Klostereingang
Kloster I
Zweiter
Kloster-
eingang
Kloster I
Kloster IV
Süd-Grenzmauer Kloster I
Haupttempel
Asoka-Säule
Absidal-
Kapelle
Hauptzugang zum Tempel
Dharmarājika-Stūpa
Dhamekh-Stūpa
Jaina-Tempel
Kloster V
Kloster VII
Rasthalle
Sārnāth (Isipatana)

mosenspenden den Lebensunterhalt bot. Durch die Wanderungen der Mönche und die Reisetätigkeit buddhistischer Kaufleute gelangte die Lehre des Buddha in alle Teile Indiens.

Sārnāth, der Schauplatz des Andrehens des Dhamma-Rades und der Gründung des Mönchsordens, liegt 8 km nördlich von Benares und ist seit der Asoka-Zeit (3. Jh. v. Chr.) durch den Dhamekh-Stūpa und eine Edikt-Säule des Kaisers gekennzeichnet. Ein zweiter Stūpa, in dem der Kaiser einst einen Reliquienanteil des Buddha hatte beisetzen lassen, existiert nur noch als Fundament. Des weiteren bestimmen ausgedehnte Klosterruinen den Ort, die ältesten aus dem 3. Jh. v. Chr.

Zu Seite 76 bis 81

22 Der Chaukhaṇḍī-Stūpa aus dem 2. oder 3. Jh. n. Chr. soll die Stelle bezeichnen, wo der Buddha seine Gefährten aus der Askesezeit wiedertraf.

Der Stūpa ist durch Ziegelplünderer stark beschädigt. 1989/90 hat der Indische Archäologische Dienst die West- und die Nordseite der unteren Plattform wieder herrichten lassen.

Der achteckige Turm hat mit dem buddhistischen Bauwerk nichts zu tun. Er wurde 1588 auf den Resten des alten Stūpa zur Erinnerung daran errichtet, daß der Moghul-Kaiser Humayun hier einmal zu Besuch geweilt hat.

23 Das augenfälligste und historisch wichtigste Monument im Wildpark von Isipatana (heute: Sārnāth) ist der Dhamekh-Stūpa. Nordwestlich des Stūpa erstreckt sich ein Feld mit Ruinen alter Klöster.

Im Hintergrund links neben dem Dhamekh-Stūpa ist der Tempel von 1931 zu sehen, dessen Turm die Form des Mahābodhi-Tempels von Bodh Gayā kopiert. Der gelbe Bau rechts ist ein 1824 errichtetes Heiligtum der Jaina-Religion. Es ist dem 11. Jaina-Tīrthaṅkara («Furtmacher», d. h. Lehrer) gewidmet, der unweit von hier die Heiligkeit erlangt hat.

24 Die Bedeutung des Stūpa-Namens «Dhamekh» war umstritten, bis die Archäologen am Ort eine Plakette aus gebranntem Ton fanden mit der Inschrift «dhamāka» (Skt: *Dharmacakra*), «Rad der Lehre». Damit war bestätigt, daß dies die Stelle ist, wo der Buddha «das Rad der Lehre in Gang setzte».

Der Dhamekh-Stūpa ist aus einem kleinen Lehm- oder Ziegelstūpa der Asoka-Zeit (3. Jh. v. Chr.) durch mehrfache Ummantelung und Aufstockung erwachsen und erhielt seine jetzige Form im 5. Jh. n. Chr. Der untere Rundturm, der noch zu zwei Dritteln seines Umfangs mit ornamentiertem Werkstein verkleidet ist, hat einen Durchmesser von 28 m. In 11 m Höhe verjüngt sich der Stūpa. Er ist im heutigen Zustand 33 m hoch. Die Nischen, die einst Buddhaskulpturen enthielten, sind leer.

Stūpas sind massive Bauwerke, ohne betretbaren Innenraum. Meist bergen sie eine Reliquie. Sie werden durch Umwandeln im Rechtskreis verehrt.

23

24

Die Lehrrede vom Ingangsetzen des Dhamma-Rades

Einst weilte der Erhabene (Buddha) bei Benares, im Tierpark Isipatana. Dort sprach er die fünf Mönche (Kondañña, Vappa, Bhaddiya, Mahānāma und Assaji) an:

Diese beiden Extreme, ihr Mönche, sollte ein (in die Hauslosigkeit) Hinausgezogener nicht verfolgen. Welche beiden? (Einerseits:) Die Hingabe an Sinnesfreuden; sie ist die Weise des gemeinen Volks, unwürdig, banausisch und zwecklos. (Andererseits:) Die Hingabe an Selbstquälerei; sie ist schmerzhaft, unwürdig und (gleichfalls) zwecklos. Diese beiden Extreme, ihr Mönche, hat der Erhabene vermieden, (denn) er hat erkannt, daß es der Mittlere Weg ist, der sehend macht, Wissen erzeugt, zur Beruhigung (der Leidenschaften), (höherer) Erkenntnis, Erleuchtung und zum Nibbāna führt...

1. Dies, Mönche, ist die Edle **Wahrheit vom Leiden:** Geburt ist leidhaft, Alter ist leidhaft, Krankheit ist leidhaft, Tod ist leidhaft; Trauer, Jammer, Schmerz, Gram und Verzweiflung sind leidhaft; mit Unliebem vereint, von Liebem getrennt sein ist leidhaft; Begehrtes nicht erlangen ist leidhaft; kurz: Die ‹Fünf Aneignungsgruppen› (welche die empirische Person ausmachen) sind leidhaft.

2. Dies, Mönche, ist die Edle **Wahrheit von der Leidensentstehung:** Es ist die Wiedergeburt bewirkende, wohlgefällige, mit Leidenschaft verbundene Gier, die hier und dort Gefallen findet, nämlich: die Gier nach Lust, die Gier nach Werden, die Gier nach Vernichtung.

3. Dies, Mönche, ist die Edle **Wahrheit von der Aufhebung des Leidens:** Die restlose Aufhebung, Vernichtung, Aufgabe, Verwerfung, das Freigeben (und) Ablegen dieser Gier.

4. Dies, Mönche, ist die Edle **Wahrheit von dem zur Leidensaufhebung führenden Wege,** es ist dieser Achtfache Weg, nämlich Rechte Ansicht, Rechter Entschluß, Rechte Rede, Rechtes Verhalten, Rechter Lebensunterhalt, Rechte Anstrengung, Rechte Achtsamkeit (und) Rechte Meditation.

‹Das sind die Edlen Wahrheiten vom Leiden, seinem Ursprung, seiner Aufhebung und dem Wege zu seiner Aufhebung› – so, Mönche, ging mir über diese nie zuvor gehörten Dinge Erkenntnis, Einsicht und Verständnis auf (und) so entstanden in mir Weisheit und Licht. ... Seitdem bin ich sicher: ‹In dieser Welt... habe ich die höchste, vollkommene Erleuchtung entdeckt, Wissen und Weisheit sind mir aufgegangen. Unerschütterlich ist die Befreiung meines Geistes: Dies ist (meine) letzte Geburt, nicht mehr gibt es (für mich) eine Wiedergeburt.›

So sprach der Erhabene, und die fünf Mönche freuten sich und fühlten sich glücklich über seine Worte. (Mv 1, 6 = S 56, 11)

Die indische Kunst setzt das Ingangsetzen des Rades der Lehre ins Bildhafte um und stellt dar, wie der Buddha mit dem Mittelfinger der linken Hand das mit dem rechten Zeigefinger und Daumen gebildete «Rad» in Rotation versetzt.

Das Fußrelief zeigt dieselbe Szene; das Rad der Lehre dreht sich hier auf den Betrachter zu. Die beiden Gazellen zu Seiten des Rades sind infolge Beschädigung kaum noch erkennbar; sie deuten den Schauplatz des Geschehens an, den Gazellenhain (Migadāya) von Sārnāth. Die dargestellten Personen sind die fünf einstigen Askesegefährten des Buddha, die seine ersten Zuhörer und bald darauf Bhikkhus wurden, und die Stifterin der Skulptur mit ihrem Kind.

Das Werk, 160 cm hoch, das aus dem 5. Jh. n. Chr. stammt, gehört zur klassischen Gupta-Kunst. Es befindet sich in Sārnāth, wo es gefunden wurde, im Museum.

25

25 Wenn der alljährliche Monsunregen (Mitte Juni bis Ende September) das Umherwandern unmöglich macht, verbringen die buddhistischen Mönche die Zeit seßhaft. In der Anfangszeit des Ordens baute jeder Bhikkhu sich für die Regenzeit eine Hütte, die er nach dem Monsun wieder abzureißen hatte.

Für die Regenperiode 528 v. Chr., die der Buddha im Wildpark Isipatana (Sārnāth) verbrachte, hatten seine Mönche ihm eine Hütte aus Bambus und Blättern errichtet. Im 3. Jh. v. Chr. entstand an der Stelle ein Tempel, der mehrfach, zuletzt im 5. Jh. n. Chr., vergrößert wurde. Er war der Haupttempel am Ort und trug nach Mitteilung des chinesischen Indienpilgers Xuanzang (7. Jh.) den Namen Mūlagandhakuṭī-vihāra, «Kloster der ursprünglichen (=ersten) Dufthütte (des Buddha)». Die Ruine ist noch zu sehen. Die Ziegelmauern sind fast 3 m dick und lassen für den einstigen Tempelturm eine Höhe von 60 m annehmen. Die Innenhalle mißt 13 × 13 m und enthielt nach Xuanzang eine lebensgroße Kupferstatue des lehrenden Buddha.

26 Kaiser Asoka (3. Jh. v. Chr.) hat in allen Gegenden seines Reiches Säulen mit Edikten aufstellen und Gedenkinschriften in Felsen einmeißeln lassen. Auch in Sārnāth, an der Rückfront des Mūlagandhakuṭī-Tempels, ließ er eine monolithische Ediktsäule errichten. Sie wurde bei der Zerstörung von Benares und Sārnāth durch den General Mohammad Ghori Qutb-ud-Din im Jahre 1194 schwer beschädigt und ist heute nur in Bruchstücken zu sehen. Sie trug das berühmte Löwenkapitell und war ursprünglich 16 m hoch.

Die Inschrift auf der Säule in Brahmī-Schrift und Māgadhi-Sprache ist bis auf ein paar Lücken in den ersten drei Zeilen noch lesbar:

> [So verfügt] Devānampiya Piyadasi (= Asoka): ... «Der Orden darf nicht gespalten werden. Wer auch immer, Mönch oder Nonne, den Orden spaltet, der muß die weißen Kleider (des Laienbekenners) anlegen und an einen Ort ziehen, wo der Orden nicht zu Hause ist.» Dieses Edikt ist im Mönchs- und im Nonnenorden bekanntzumachen.
>
> So verfügt Devānampiya Piyadasi (Asoka) (weiter): «*Ein* solches Edikt soll (hier) für euch an der Versammlungsstätte (der Mönche) geschrieben (und aufgestellt) werden, ein weiteres gleiches Edikt soll für die Laienschaft sichtbar aufgestellt werden. Die Laienbekenner sollen an jedem Uposatha-Tag (den Fastentagen am Voll- und Neumond) kommen und sich dieses Edikt einschärfen. Ebenso sollten die (kaiserlichen) Ordnungsbeamten die Uposatha-Tage regelmäßig begehen, um sich mit diesem Edikt vertraut zu machen und es voll zu verstehen.»
>
> In allen befestigten Städten und (allen) Distrikten muß du dieses Edikt zu dem Zwecke bekanntmachen lassen.

Offenbar sind die Erläuterungen, die der Kaiser bei dem Diktat seinen Beamten gab, mit in den Wortlaut geraten. Fast textgleiche Edikte sind in Kosambī und Sāñcī gefunden worden.

Der Ausdruck «Ordensspaltung» *(saṅghabheda)* bezeichnet nicht nur ein Schisma des Gesamtordens, sondern hat noch eine zweite Bedeutung. Da im Saṅgha und seinen örtlichen Kapiteln alle Beschlüsse durch schweigende Zustimmung im Konsens gefaßt werden mußten, genügte ein einzelner Quertreiber, durch ständigen Einspruch jede Beschlußfassung zu verhindern. Das Edikt impliziert die Warnung, sich dem Konsens nicht ohne guten Grund entgegenzustellen.

26

27 Das Löwenkapitell der Asoka-Säule von Sārnāth ist den Zerstörungen von 1194 entgangen. Vermutlich war es damals schon herabgestürzt und von Erde überdeckt. Es wurde 1905 freigelegt und befindet sich im Archäologischen Museum am Ort.

Das Kapitell, 2,10 m hoch, stellt in vollendeter Steinmetzarbeit vier mit dem Rücken gegeneinander sitzende Löwen dar. Die Mäuler sind zum Gebrüll geöffnet, denn der Buddha wurde häufig als der Löwe der (Skt.) Śākyas *(Śākyasiṃha)* und seine Predigt als das Löwengebrüll *(Siṃhanāda)* bezeichnet; wie der Löwe unter den Tieren die lauteste Stimme hat und sie in alle Richtungen erschallen läßt, so war der Buddha der Vernehmlichste unter den Lehrern seiner Zeit. Die Symbolik gilt analog für den Kaiser Asoka, der sein Löwengebrüll in alle Teile seines Reiches ausstieß.

Der Sockel des Kapitells zeigt viermal das 24-speichige Rad – auch dieses ein doppeltes Symbol, das einerseits als das Rad der Lehre, andererseits als das des gerechten Herrschers (Skt.: *Cakravartin*) zu interpretieren ist, der das Rad der Gerechtigkeit über sein Reich rollen läßt.

Zwischen den Rädern befinden sich vier Tiere: Elefant, Stier, Pferd und Löwe. Sie sind die Symbole der vier Himmelsrichtungen und deuten die Ausdehnung von Asokas Reich an. Nach einer zweiten Auffassung versinnbildlichen sie die Ereignisse Empfängnis, Geburt, Auszug in die Hauslosigkeit und erste Predigt des Buddha; nach einer dritten die vier größten Flüsse Indiens.

Über den sitzenden Löwen erhob sich einst ein 32-speichiges steinernes Rad der Lehre. Bruchstücke davon sind im Museum von Sārnāth zu betrachten.

Das Löwenkapitell ist seit 1950 Staatswappen der Republik Indien. Es ist begleitet von dem Motto «Satyam eva jayate», «Allein die Wahrheit ist siegreich» – einem Vers der Muṇḍaka-Upaniṣad (3, 1, 6). Das Rad der gerechten Herrschaft ist als Emblem in die indische Nationalflagge übernommen worden.

28 Nach dem Tode und der Einäscherung des Buddha (483 v. Chr.) in Kusinārа hatten die Adelsgeschlechter Nordindiens je einen Reliquienanteil erhalten und in ihren Hauptstädten in Stūpas beigesetzt. Kaiser Asoka ließ einige dieser Stūpas öffnen, um die Reliquien über ganz Indien zu verteilen. Einen Anteil erhielt auch Sārnāth.

Er wurde vom Kaiser im Dharmarājika-Stūpa beigesetzt, der südlich des Mūlagandhakuṭī-Tempels errichtet wurde. Der Stūpa hatte einen Durchmesser von fast 14 Metern. Nur sein Umwandlungsweg und die unteren Ziegelschichten sind erhalten (Bild).

Wie der Stūpa verschwand, ist überliefert. Als Rāja Chet Singh von Benares 1794 Ziegel für den Hausbau in der Stadt benötigte, beauftragte er seinen Minister Jagat Singh, das Baumaterial aus Sārnāth zu holen. Der ohnehin beschädigte Dharmarājika-Stūpa erschien als Steinbruch ideal. Bei den Abtragearbeiten fand man neun Meter unter dem Scheitelpunkt des Stūpa einen Steinbehälter, der ein Reliquiar aus grünem Marmor mit den Aschenüberresten des Buddha enthielt. Jagat Singh ließ sie nach Hindubrauch in die Gaṅgā (Ganges) streuen.

27

28

KOSALA
MAGADHA
KĀLĀMA
KĀSI
VAMSĀ
SAKIYA
MORIYA
KOLIYA
MALLA
VIDEHA
VAJJI
LICCHAVI
AṄGA
NEPĀL
INDIEN
Kathmandu
Sāvatthi
Kapilavatthu I
Kapilavatthu II
Lumbinī
Sāketa (Ayojjhā)
Lucknow
Kusināra
Gorakhpur
Mithilā
Darbhanga
Muzaffarpur
Vesālī
Pātaliputta (Patna)
Prayāga (Allāhabād)
Kosambī
Sārnāth
Benares
Nālandā
Rājagaha
Gayā
Bodh Gayā
Uruvelā
Monghyr
Bhāgalpur
Campā
KĀLI GANDAK
SUN KOSI
ARUN
ACIRAVATĪ
GHĀGARA
GANDAK
GOMATI
GANGES
YAMUNĀ
SONA
PHALGU
NERAÑJARĀ
BĀGHMATI
SAPTI KOSI
Städte der Buddhazeit
nachbuddhistische Städte
heutige indisch-nepālische Grenze
Flussverlauf zur Buddhazeit
Handelsstrassen

6. Rājagaha: Die Hauptstadt des Königreichs Magadha und ihre Klöster

Nach der Regenzeit des Erleuchtungsjahres 528 v. Chr., die er in Isipatana (Sārnāth) bei Benares verbracht hatte, wanderte der junge Buddha zuerst nach Uruvelā (Bodh Gayā), dann nach Rājagaha, der Residenzstadt des Königs Bimbisāra von Magadha. Mit einer Bevölkerung von vielleicht 60 000 Menschen, umgeben von Bergen, über die gerade ein zyklopischer Verteidigungswall angelegt wurde, war Rājagaha eine der volkreichsten und mächtigsten indischen Städte der Zeit.

Ein Gespräch des Buddha mit dem Mahārāja Bimbisāra kam bald zustande. Es endete damit, daß der König sich als Laienanhänger zum Dhamma bekannte. Tags darauf schenkte er dem Buddha seinen außerhalb des Tals liegenden Veḷuvana («Bambuswald») als Klosterhain. Die Freundschaft zwischen dem Buddha und dem fünf Jahre jüngeren Monarchen bedeutete für die Lehre des Buddha die staatliche Billigung im Magadha-Reich und brachte der Buddhagemeinde starken Zulauf.

Zu den Personen aus Rājagaha und Umgebung, die in der Folgezeit zum Buddhismus fanden, gehörte auch das spätere Hauptjüngerpaar Sāriputta und Moggallāna sowie, als Laienbekenner, Bimbisāras Hofarzt Jīvaka, den der König zum Betreuungsarzt für den Buddhaorden bestimmt hatte. Jīvaka schenkte dem Meister als zweites Kloster in Rājagaha seinen Mangohain, den Jīvakambavana.

Rājagaha war der Schauplatz der frühen Missionserfolge des Buddha, aber drei Jahrzehnte später auch der Intrigen des Devadatta. Devadatta, ein Sohn des Mutterbruders und zudem der Schwager des Buddha, war seit langen Jahren Bhikkhu und legte dem Buddha, als dieser siebzig geworden war, nahe, ihm die Leitung des Ordens zu übergeben. Als Siddhattha dies ablehnte, verbündete sich Devadatta mit dem Sohn des Mahārāja Bimbisāra, dem Prinzen Ajātasattu, und erhielt von diesem freie Hand, den Buddha ermorden zu lassen. Alle drei Attentatsversuche – durch einen gedungenen Mörder, durch einen hinabrollenden Felsbrokken und durch einen wütenden Elefanten – schlugen fehl.

Das Tal der Königsstadt Rājagaha ist heute öde, von der Bebauung sind lediglich noch die Fundamente zweier Gebäude zu sehen. Der bewegendste Platz ist der Geiergipfel (Gijjhakūṭa), eine Felsplattform über der Stadt am Chattha-Berg, wo der Buddha sich gern aufhielt und wo er viele Lehrreden gehalten hat.

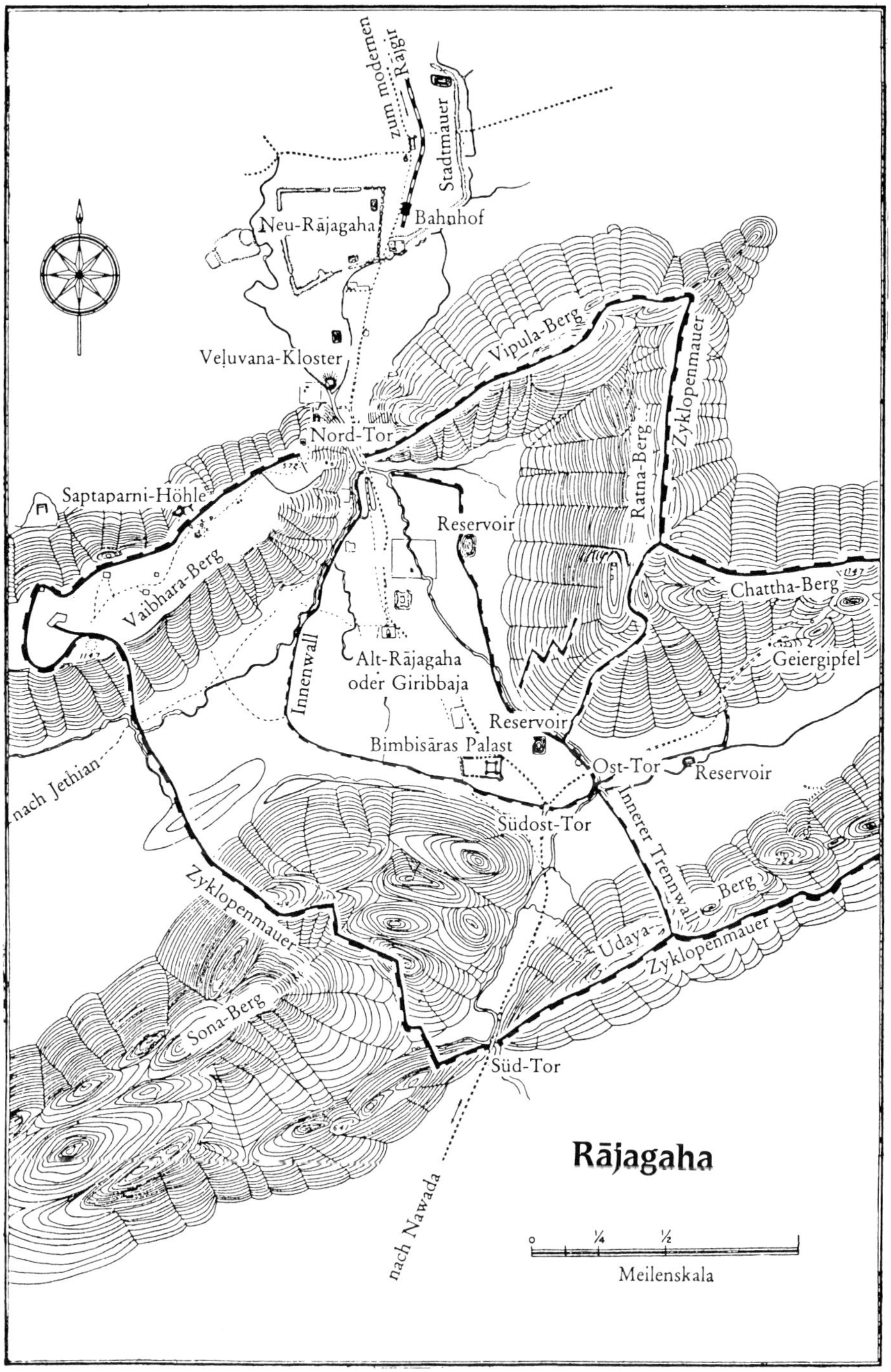
zum modernen Rājgir
Stadtmauer
Neu-Rājagaha
Bahnhof
Veḷuvana-Kloster
Vipula-Berg
Zyklopenmauer
Ratna-Berg
Nord-Tor
Saptaparni-Höhle
Reservoir
Vaibhara-Berg
Chattha-Berg
Geiergipfel
Innenwall
Alt-Rājagaha
oder Giribbaja
Reservoir
Bimbisāras Palast
Ost-Tor
Reservoir
nach Jethian
Südost-Tor
Innerer Trennwall
Berg
Udaya-
Zyklopenmauer
Zyklopenmauer
Sona-Berg
Süd-Tor
nach Nawada
Rājagaha
0 ¼ ½
Meilenskala

29 Wer von Süden nach Rājagaha reist, dem fallen zuerst die schroffen Hänge des Sona-Rückens auf. Rājagaha liegt im Talkessel dahinter und ist ringsum von Bergen eingeschlossen. Der strategische Schutz durch die Berge war maßgebend für die Gründung der Magadha-Hauptstadt an dieser Stelle.

30 Das Tal von Rājagaha. Von der Hauptstadt des einstigen Königreichs Magadha und Residenzstadt des Mahārāja Bimbisāra ist nichts geblieben, ihre Holz- und Lehmhäuser sind zu Staub geworden. Heute ist das Tal unbewohnt. Wo der Buddha einst, Almosen sammelnd, von Haus zu Haus schritt, wächst jetzt schütteres Buschwerk.

Rājagaha hat keine lange Geschichte. Erst König Bimbisāra, der Gönner und Freund des Buddha, hatte den kleinen Ort Giribbaja («Vielberg») zur Hauptstadt erhoben, als Rājagaha («Königshausen») ausbauen und durch einen Zyklopenwall über die Bergzüge befestigen lassen. Sein Sohn Ajātasattu führte zwar den Bau des (40 km langen) Schutzwalles zu Ende, gab dann aber Rājagaha auf und verlegte die Magadha-Hauptstadt nach Pāṭaliputta (heute: Patna) an die Gaṅgā.

31 Schon das erste längere Gespräch mit dem Buddha beeindruckte König Bimbisāra so sehr, daß er sich als Laienanhänger zum Dhamma bekannte. Für den Folgetag lud er den Meister zur Morgenmahlzeit ein und schenkte ihm den vor dem Nordtor Rājagahas gelegenen Veḷuvana, «Bambushain», als ständiges Refugium. Es war der erste Klosterhain, der «dem Mönchsorden mit dem Buddha an der Spitze» zugeeignet wurde.

Reste von Baulichkeiten gibt es im Veḷuvana nicht, der Buddha dürfte in einer Hütte an der Stelle gewohnt haben, wo sich der von islamischen Gräbern gekrönte Hügel erhebt. Grabungen haben hier Überbleibsel von neun Stūpas und Fragmente von Skulpturen des 10. und 11. Jh.s zutage gefördert. Ansonsten ist der Hain auch heute lediglich ein Bambusdickicht. Eine Uferstelle an einem Teich im Veḷuvana hatte den Namen Eichhörnchen-Futterplatz (Kalandakanivāpa), weil sich die flinken Kletterer hier in besonderer Zahl tummelten.

29

30

31

32

< 32 Auf Weisung König Bimbisāras hatte sein Leibarzt Jīvaka die ärztliche Betreuung des Buddha und seines Ordens übernommen. Jīvaka stand dem Buddha ursprünglich reserviert gegenüber, wurde dann aber ein begeisterter Laienbekenner. Er schenkte dem Meister seinen am Wege zum Geiergipfel liegenden Park als Klostergelände. Im Mangohain des Jīvaka (Jīvakāmbavana) hat sich der Buddha wiederholt und gern aufgehalten.

Der Hain wurde im Laufe der Zeit zu einer großen Klosteranlage ausgebaut, von der noch Steinfundamente zu sehen sind. Die schmalen Hallen, über denen sich einst von Bambusspanten getragene, mit Matten gedeckte Tonnendächer erhoben, weisen auf erhebliches Alter der Anlage hin.

Es ist anzunehmen, daß Jīvaka die ärztliche Behandlung der Mönche weitgehend im Jīvakāmbavana vornahm. Mehrere vernünftige medizinische Ratschläge, die er dem Buddha und den Bhikkhus gab, sind im Pāli-Kanon überliefert. Zur Behandlung gehörten unter anderem Bäder in den bei Rājagaha entspringenden warmen Quellen.

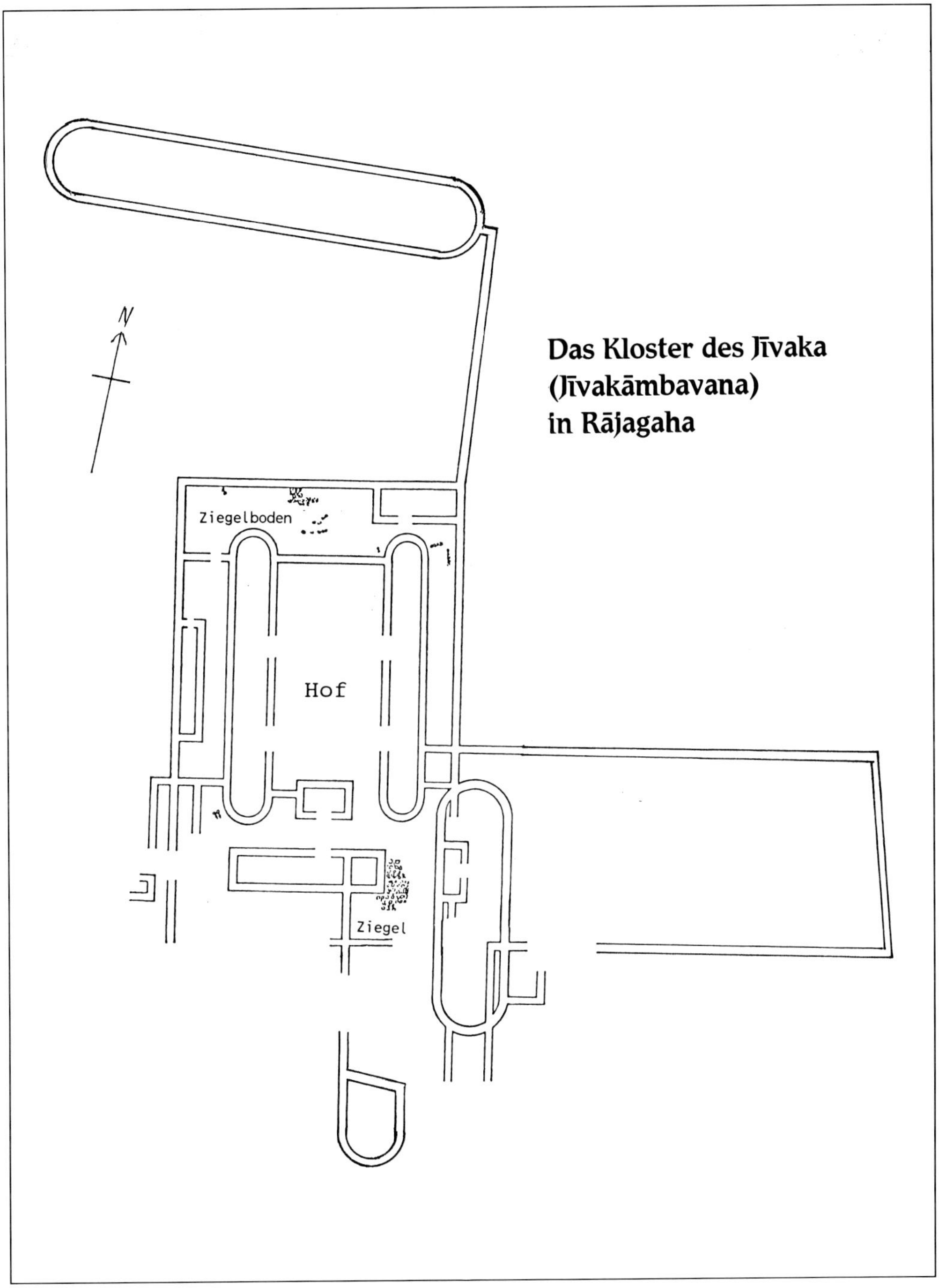

Das Kloster des Jīvaka (Jīvakāmbavana) in Rājagaha

33

34

33 Die Berge um Rājagaha hielten jeden Windhauch fern und machten die Stadt im indischen Sommer äußerst drückend und heiß. Wann immer möglich zog sich der Buddha deshalb auf den Geiergipfel (Gijjhakūṭa) zurück, eine Felsplattform am Chattha-Berg, die etwas Windkühlung und einen Blick über den Talkessel gewährt.

34 Den Namen Geiergipfel (Gijjhakūṭa) erhielt die Felsenplattform am Chattha-Berg wahrscheinlich wegen ihrer schroffen Steine, von denen einige an hockende Geier erinnern. Zahlreiche Lehrreden hat der Buddha hier gehalten. Oft stiegen prominente Bürger von Rājagaha zum Geiergipfel hinauf, um mit dem Meister allein zu sprechen. Heute, da der Buddhismus aus Indien verdrängt ist, machen sich allenfalls noch Ceylonesen, Thailänder, Tibeter, Japaner oder ein Reisender aus den Ländern des Westens die Mühe des Aufstiegs.

35

36

35,36 Ein Bhikkhu aus Thailand spricht mit zusammengelegten Handflächen die Verehrungsformel des Buddha und bringt dem Gedenken an den großen Lehrer Räucherstäbchen und eine Blumengirlande dar. Wenig später ehrt ein ceylonesischer Bhikkhu den heiligen Platz durch ehrfürchtige Rechtsumkreisungen.

37 Auf der dem Tal von Rājagaha abgewandten (nördlichen) Seite des Geiergipfels gibt es zwei kleine Höhlen. In der höher gelegenen, der «von Ebern freigegrabenen Höhle» (Sūkarakhatalena), hat der Buddha wiederholt vor Regen Schutz gesucht und die Nacht verbracht, hier empfing er auch zuweilen Besuch. Sein Hauptjünger Sāriputta soll an dieser Stelle die Heiligkeit und damit die Erlösung von der Wiedergeburt erreicht haben.

Die «Eberhöhle» ist für den buddhistischen Pilger ein bewegender Platz, denn in ihr steht er genau auf einer Stelle, die einst der Buddha mit den Füßen berührte. Die Frommen sprechen hier die (Pāli-)Verehrungsformel *«Namo tassa Bhagavato Arahato Sammāsambuddhassa»,* »Ehre dem Erhabenen, dem Heiligen, dem Vollkommenen Buddha», bekleben den Höhleneingang mit Blattgold und zünden in der Höhle Kerzen und Räucherstäbchen an. Ein Bhikkhu hat sich in der Höhle zur Meditation niedergelassen.

> 38 Der Ratna-Berg (Ratnagiri), der den Geiergipfel überragt, erlaubt den Blick auf die Plattform des Geiergipfels von oben (Bild). Über das menschenleere Tal von Rājagaha und den Udaya-Bergrücken schweift der Blick in die Ebene von Süd-Bihār.

Die Theravāda-Buddhisten besuchen den Geiergipfel als historisch bedeutsamen Ort im Leben des verloschenen Buddha Gotama; die Mahāyāna-Buddhisten, die einen zeitlos-universalen Buddha anerkennen, ehren ihn als Wohnsitz des Absoluten Buddha. Auf dem Geiergipfel sollen die großen Sūtras des Mahāyāna verkündet worden sein. Nur fortgeschrittenen Heilssuchern ist es jedoch möglich, den Absoluten Buddha in seiner Glorie zu erschauen.

Auf dem Ratna-Berg, nordwestlich des Geiergipfels gelegen, haben japanische Buddhisten 1969 einen mächtigen Stūpa, die «Weltfriedens-Pagode», errichtet. Sie ist vom Rājagaha-Tal durch einen Sessellift erreichbar (1991 außer Funktion).

37

39 

39 König Bimbisāras Herrschaft über Magadha endete etwa 492 v. Chr. Angestiftet von dem Mönch Devadatta hatte Prinz Ajātasattu versucht, seinen Vater Bimbisāra im Schlaf zu erdolchen, war aber noch rechtzeitig gefaßt worden. Bimbisāra vergab ihm und trat zugunsten seines ehrgeizigen Sohnes zurück. Kaum hatte Ajātasattu die Herrschaft übernommen, ließ er seinen Vater festnehmen und im Verließ des Palastes verhungern. Von dem Palast in Rājagaha, gewöhnlich als «Bimbisāras Kerker» bezeichnet, sind die Grundmauern erhalten (Bild).

Mit dem Mahārāja Bimbisāra war der Buddha befreundet gewesen, mit seinem Nachfolger Ajātasattu kam nur ein sachliches Verhältnis zustande.

40 Der Bhikkhu Devadatta, der die Leitung des Ordens übernehmen wollte, vom Buddha aber abgewiesen worden war, versuchte mehrfach, den Meister ums Leben zu bringen. Einer der drei Anschläge bestand im Hinabrollen eines Felsbrockens. Der Buddha wurde dabei am Fuß verletzt. Schauplatz des Mordversuchs war vermutlich der Aufstiegsweg zum Geiergipfel (Bild).

Der nach rechts oben abzweigende Weg führt auf den Ratna-Berg zu dem modernen japanischen Stūpa.

40

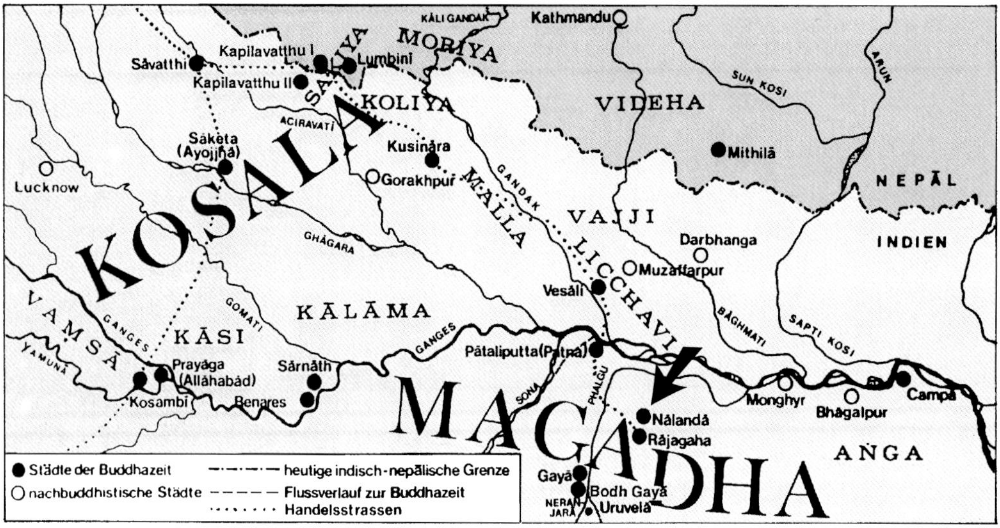
KOSALA
MAGADHA
VAMSĀ
KĀSI
KĀLĀMA
SAKYA
MORIYA
KOLIYA
MALLA
VAJJI
LICCHAVI
VIDEHA
AṄGA
NEPĀL
INDIEN
Kathmandu
Kapilavatthu I
Kapilavatthu II
Lumbinī
Sāvatthi
Sāketa (Ayojjhā)
Lucknow
Kusināra
Gorakhpur
Mithilā
Darbhanga
Muzaffarpur
Vesāli
Pātaliputta (Patna)
Prayāga (Allāhabād)
Kosambī
Sārnāth
Benares
Nālandā
Rājagaha
Gayā
Bodh Gayā
Uruvelā
Monghyr
Bhāgalpur
Campā
KĀLI GANDAK
SUN KOSI
ARUN
ACIRAVATĪ
GANDAK
GHĀGARA
GOMATI
GANGES
YAMUNĀ
SONA
PHALGU
NERAÑJARĀ
BĀGHMATI
SAPTI KOSI
Städte der Buddhazeit
nachbuddhistische Städte
heutige indisch-nepālische Grenze
Flussverlauf zur Buddhazeit
Handelsstrassen

7. Nālandā: Durchreisequartier des Buddha

Nālandā (heute: Bargaon), 11 km nördlich von Rājagaha gelegen, hat im Leben des Buddha keine wichtige Rolle gespielt, ist aber auf dem Wege von und nach Rājagaha oft für ihn Raststation und Nachtquartier gewesen. Gotama pflegte im Mangohain des Pāvārika zu übernachten (nicht zu verwechseln mit dem gleichnamigen Kloster in Kosambī).

Nālandā ist der Geburtsort des Buddhajüngers Sāriputta, dem, nach Mitteilung des chinesischen Indienpilgers Faxian (5. Jh. n. Chr.), am Ort ein Gedächtnisstūpa gewidmet war. Aus dem Kloster Nālandā entstand unter der Gupta-Dynastie (320–510) die bedeutendste buddhistische Universität Asiens. Hochherzige Förderer der Akademie waren auch Kaiser Harṣa von Kanauj (606–647) und die Herrscher der bengalischen Pāla-Dynastie (750–1199).

Gegen Ende des 12. Jh. wurde Nālandā mit seiner Bibliothek von islamischen Truppen verwüstet; 1235 fielen auch die beiden letzten Klosterbauten dem islamischen Ansturm zum Opfer. Seitdem ist Nālandā Ruine, jedoch wird in einem 1956 neugegründeten Universitätsinstitut buddhistische Gelehrsamkeit wieder gepflegt.

> 41 Die Ruinen des Kloster- und Universitätskomplexes von Nālandā erstrecken sich über 500 m vom Norden nach Süden. Siebenhundert Jahre wurde an der Anlage gebaut, ständig wurde sie vergrößert und ergänzt.

Zur Rechten der Mittelachse befinden sich zehn Klöster, die sowohl dem Wohnen als auch dem Unterricht dienten, zur Linken liegen vier große Tempel, die einstige Bibliothek sowie zahlreiche Schreine und Stūpas. Der chinesische Mönch Yijing (7. Jh.) spricht von 3.500 Bhikkhus, die zu seiner Zeit in Nālandā studierten und deren Tagesablauf durch eine Wasseruhr geregelt wurde. Die Universität bot Kurse an in Hīnayāna (Theravāda), Mahāyāna und tantrischem Buddhismus, ferner in Logik, Exegetik und Sanskrit-Grammatik. Zu ihren Rektoren und Äbten zählten viele der bedeutendsten buddhistischen Philosophen.

42 Die Nālandā-Klöster 1 B und 1 A. Durch einen bewachten Eingang trat der Mönchsstudent in einen Innenhof, der einen überdachten Rundgang aufwies und nur in der Mitte nach oben offen war. Dem Eingang gegenüber lag die Klosterkapelle, die eine Buddhaskulptur beherbergte; alle übrigen an die Außenmauern angrenzenden Räume waren Wohnzellen.

Der Innenhof, der als Unterrichtsstätte diente, war gewöhnlich einem bestimmten Lehrfach oder Lehrer vorbehalten: Im Kloster 1 A (obere Bildmitte) ist das Lehrerpodest erkennbar. Entsprechend den Kursen, die sie belegt hatten, wechselten die Mönchsstudenten mit dem Signal der Wasseruhr zwischen den Klöstern hin und her.

42

> 43 Der Haupttempel von Nālandā stand auf einer 31 m hohen kubischen Ziegelplattform, die das Ergebnis siebenfacher Überbauung älterer Monumente ist. Die Plattform ist weitgehend zusammengebrochen, nur ein Drittel ihrer Grundfläche ist erhalten.

Türme und Mauern mit Reliefs und zahlreiche Votivstūpas lassen ahnen, welche Begeisterung die Lehre des Buddha in den Menschen des alten Indien entfacht hatte.

43

Kāli Gandak
Kathmandu
Moriya
Kapilavatthu I
Lumbinī
Sāvatthi
Kapilavatthu II
Sakiya
Koliya
Videha
Sun Kosi
Arun
Aciravatī
Sāketa (Ayojjhā)
Kusināra
Mithilā
Lucknow
Gorakhpur
Malla
Gandak
Nepāl
Kosala
Vajji
Ghāgara
Darbhanga
Indien
Licchavi
Muzaffarpur
Vesāli
Gomati
Kālāma
Vaṃsā
Ganges
Kāsi
Bāghmati
Sapti Kosi
Yamunā
Prayāga (Allāhabād)
Sārnāth
Pātaliputta (Patna)
Kosambī
Benares
Sona
Phalgu
Monghyr
Bhāgalpur
Campā
Magadha
Nālandā
Rājagaha
Aṅga
Gayā
Bodh Gayā
Nerañjarā
Uruvelā
Städte der Buddhazeit
nachbuddhistische Städte
heutige indisch-nepālische Grenze
Flussverlauf zur Buddhazeit
Handelsstrassen

8. Sāvatthi: Die Hauptstadt des Königreichs Kosala und ihre Klöster

In Rājagaha hatte der Buddha den reichen Bankier Sudatta Anāthapiṇḍika, den «Beköstiger der Unversorgten» getroffen, der aus Sāvatthi (Skt: Śravasti) stammte, der Hauptstadt des Königreichs Kosala. Er war vom Buddha fasziniert und bat ihn, seine Lehre auch in Sāvatthi darzulegen.

Als Gotama in Sāvatthi (heute: Maheth) eintraf, hatte Anāthapiṇḍika bereits 500 m südwestlich der Stadt beim heutigen Saheth zu einem hohen Preis vom Prinzen Jeta ein Gelände erworben, das er dem Meister zum Geschenk machte. Der «Hain des Anāthapiṇḍika» (Anāthapiṇḍikārāma), nach seinem früheren Besitzer meist «Jetawald» (Jetavana) genannt, wurde später ein Lieblingsort des Buddha.

Um den Buddha zu sehen begab sich auch Pasenadi, der Mahārāja von Kosala, von Sāvatthi zum Jetavana hinaus – vermutlich mit einer gewissen Neugier, war der Buddha doch der Sohn des Rāja Suddhodana Gotama, der die zum Kosala-Reich gehörige Sakiya-Republik verwaltete. Rasch entwickelte sich Freundschaft zwischen den beiden Männern. Das Bekenntnis des Königs zum Dhamma bedeutete für den Buddha den Durchbruch seiner Lehre auch im Kosala-Reich.

Anāthapiṇḍikas Kloster blieb nicht die einzige Stiftung in Sāvatthi. Ein zweites Kloster am Ort spendete dem Orden die vermögende Laienbekennerin Visākhā. Da es östlich der Stadt lag, hieß es das «Osthain-Kloster» (Pubbārāma). Der Buddha hielt sich gern dort auf.

König Pasenadis Residenzstadt Sāvatthi ist von einem Lehmwall von 5,2 km Länge umschlossen. Der Wall, der stellenweise Reste einer Stadtmauer trägt, ist etwa 6 m hoch und von einigen Zufahrtsbreschen, den ehemaligen Stadttoren, durchbrochen. Im Norden fließt die Aciravatī, der heute Rāpti genannte Fluß vorbei, der das Wasser für den Verteidigungsgraben lieferte, der die Stadt einst umgab.

Bauten der Buddhazeit sind weder in Sāvatthi noch im Jetavana und Pubbārāma erhalten. Sāvatthi ist heute eine unbewohnte Fläche mit wildem Buschwerk, in der nur ein paar Ziegelmonumente von vergangener Besiedlung zeugen.

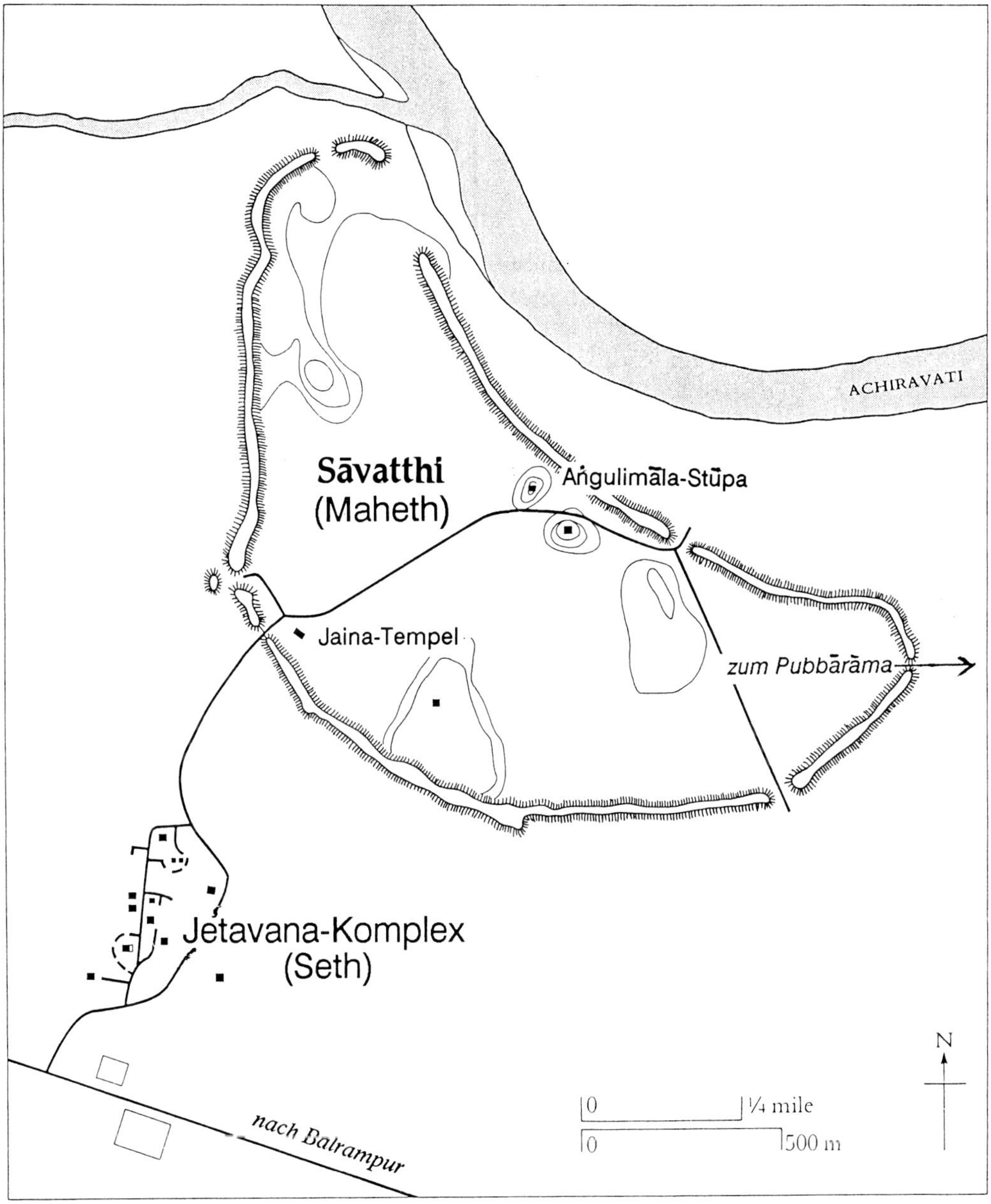
ACHIRAVATI
Sāvatthi
(Maheth)
Aṅgulimāla-Stūpa
Jaina-Tempel
zum Pubbārāma
Jetavana-Komplex
(Seth)
nach Balrampur
0 ¼ mile
0 500 m
N

44

< 44 Der Jetavana-Komplex mit seinen Kloster- und Stūpa-Ruinen bedeckt heute ein Areal von 400 × 300 Metern. Hier der Blick von Norden nach Süden. Der Bau in der Bildmitte ist der Gandhakuṭī-Tempel und steht an der Stelle, wo Anāthapiṇḍika für den Buddha eine Wohnhütte errichtet hatte. Neunzehn Regenzeiten hat der Meister hier zugebracht.

Die Karte des Jetavana ist 1956 vom Indischen Archäologischen Dienst gefertigt und seitdem nicht ergänzt worden. Sie zeigt nicht die später – zum Teil von japanischen Archäologen – freigelegten Baureste im Westen und Nordwesten des Jetavana-Geländes. Die Wegeführung der hier wiedergegebenen Karte wurde den tatsächlichen Verhältnissen angepaßt.

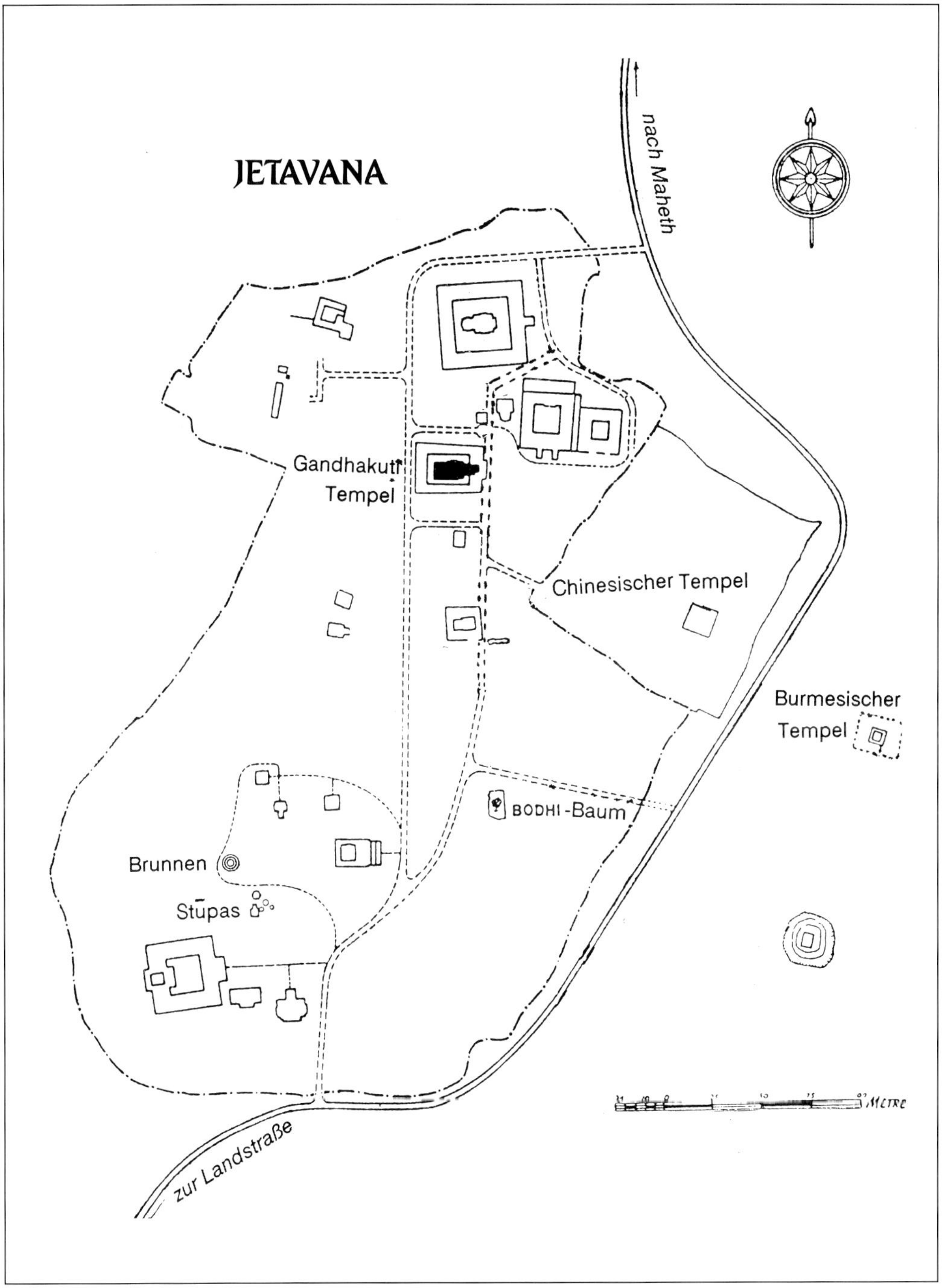
JETAVANA
nach Maheth
Gandhakuti
Tempel
Chinesischer Tempel
Burmesischer
Tempel
BODHI-Baum
Brunnen
Stūpas
zur Landstraße
METRE

Kauf und Schenkung des Jetavana-Klosters

Es hieß, Anāthapiṇḍika habe dem Prinzen Jeta so viel für seinen Hain bezahlt, daß die ganze Fläche mit Münzen bedeckt werden konnte. Das Geld mußte mit Ochsenkarren herbeigebracht werden (rechte Bildhälfte). Arbeiter sind dabei, die Münzen im Park auszulegen. Prinz Jeta (Mitte unten) beaufsichtigt den Vorgang.

Die Bildmitte zeigt den Stifter Anāthapiṇḍika mit der Wasserkanne, um die Hände des Buddha zu übergießen – im alten Indien der Rechtsakt der Eigentumsübertragung. Der Buddha, der in der Kunst der vorchristlichen Zeit noch nicht bildlich dargestellt wurde, wird als Empfänger der Stiftung durch den Bodhibaum symbolisiert. Eine Volksmenge (oben links) schaut der Schenkungszeremonie zu. Die beiden Pavillons deuten Baulichkeiten an, die Anāthapiṇḍika für den Buddha und seine engsten Jünger im Jetavana errichten ließ.

Das Reliefmedaillon stammt vom Steinzaun des Stūpa von Bhārhut (2./1. Jh. v. Chr.), heute im Indian Museum in Kalkutta.

45

< 45 Der Gandhakutī-Tempel war einst der ehrwürdigste Bau des Jetavana-Bezirks. Auf seinen Resten haben fromme Pilger aus Ziegeln einen kleinen Stūpa errichtet und seine Spitze vergoldet.

Die Backsteinfundamente stammen aus der Gupta-Zeit (320–510 n. Chr.). Der chinesische Indienreisende Faxian (5. Jh.) teilt mit, hier habe einst ein siebenstökkiger Holztempel gestanden, der aber abgebrannt sei; jetzt (im 5. Jh.) sei der Tempel ein zweistöckiger Ziegelbau. Xuanzang (7. Jh.) fand ihn in Trümmern.

46 Der «Bodhi-Baum des Ānanda», der aus einem Samen des originalen Pippala- oder Assattha-Baums von Bodh Gayā erwachsen sein soll, unter dem Gotama die Erleuchtung gefunden hatte. Die Legende (in Jāt 479) behauptet, die Bürger von Sāvatthi hätten sich über Ānanda beim Buddha erkundigt, wo sie ihm in seiner Abwesenheit Verehrung darbringen sollten. Der Buddha habe empfohlen, zu dem Zwecke im Jetavana einen Bodhi-Baum anzupflanzen. Ānanda ließ darauf einen Samen des Erleuchtungsbaums aus Bodh Gayā in den Jetavana bringen, der dort von dem Laienbekenner Anāthapiṇḍika gepflanzt wurde und zu einem Baumpatriarchen heranwuchs. Um ihn zu heiligen, soll der Meister eine Nacht unter ihm meditiert haben.

Zu Seite 134 bis 137:

47 Der Pubbārāma, «Osthain», liegt 600 m vor dem Osttor von Sāvatthi (Maheth) und erhebt sich aus der Ebene als eine von Bäumen und Bambus gesäumte Erdplattform. Einst stand hier das von der Laienbekennerin Visākhā gestiftete Kloster (Migāramātupāsāda), in dem sich der Buddha oft aufhielt und wo er sechs Monsun-Perioden zubrachte. Manchmal weilte er den Tag über im Jetavana, nachts im Pubbārāma – oder umgekehrt.

Baureste aus der Zeit des Buddha sind im Pubbārāma nicht erhalten, die Ruine eines kleinen Tempels dort ist jünger. Der Tempel hat nach dem Verschwinden des Buddhismus aus Indien dem Śiva-Kult gedient wie ein (beschädigter) Liṅgastein aus rotem Sandstein erkennen läßt. Es erscheint nicht ausgeschlossen, daß es sich dabei um den oberen Schaft einer der beiden Asoka-Säulen handelt, die Faxian (5. Jh.) und Xuanzang (7. Jh.) vor dem Osttor des Jetavana gesehen haben.

Zum Pubbārāma gibt es weder einen Wegweiser noch eine Straße. Man muß ausdrücklich nach dem (Skt:) «Pūrvārāma» fragen und einen Ortskundigen anwerben, um ihn zu finden.

48 Von den Bauresten im Stadtbereich Sāvatthi sind zwei buddhistisch. Die Pakkī Kuṭī (Bild) ist das Überbleibsel des Aṅgulimāla-Stūpa, von dem chinesische Reisende berichten. Die Stützkonstruktionen des Archäologischen Dienstes geben dem Stūpa irreführenderweise den Charakter eines Wohnbaus.

Aṅgulimāla, der Sohn des Hofbrahmanen des Mahārāja Pasenadi, war auf die schiefe Bahn geraten und ein Wegelagerer geworden, der mehrere Morde auf dem Gewissen hatte. Der Buddha bekehrte ihn und ordinierte ihn zum Mönch. Nicht lange danach wurde der Bhikkhu Aṅgulimāla von der Bevölkerung Sāvatthis mit Steinen beworfen und verletzt. Der Stūpa soll an die Bekehrungstat des Buddha erinnern.

46

47

48

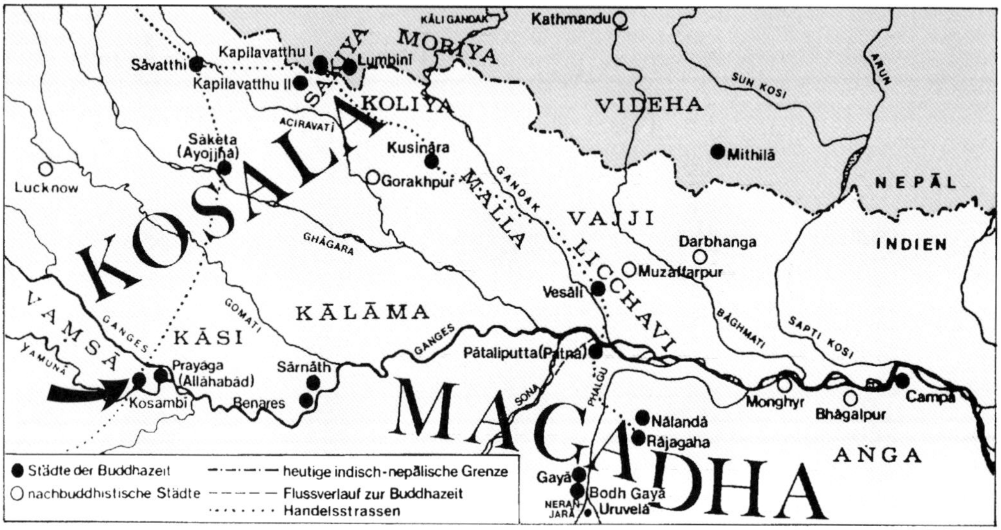
KĀLI GANDAK
Kathmandu
MORIYA
Kapilavatthu I
Lumbinī
Sāvatthi
Kapilavatthu II
SAKIYA
KOLIYA
VIDEHA
SUN KOSI
ARUN
ACIRAVATĪ
Sāketa
(Ayojjhā)
Kusinārā
Mithilā
Lucknow
Gorakhpur
KOSALA
MALLA
GANDAK
NEPĀL
VAJJI
Darbhanga
INDIEN
GHĀGARA
LICCHAVI
Muzaffarpur
Vesālī
VAMSĀ
GOMATI
KĀLĀMA
GANGES
KĀSI
BĀGHMATI
SAPTI KOSI
YAMUNĀ
Prayāga
(Allāhābād)
Sārnāth
Pātaliputta (Patnā)
SONA
PHALGU
Kosambī
Benares
Monghyr
Bhāgalpur
Campā
MAGADHA
Nālandā
Rājagaha
AṄGA
Gayā
Bodh Gayā
NERANJARĀ
Uruvelā
Städte der Buddhazeit
nachbuddhistische Städte
heutige indisch-nepālische Grenze
Flussverlauf zur Buddhazeit
Handelsstrassen

9. Kosambī: Mißerfolg im Königreich Vaṃsā

Mit den Königen Bimbisāra von Magadha und Pasenadi von Kosala war der Buddha freundschaftlich verbunden. Es lag für ihn nahe, auch Udena, den König des Vaṃsā-Reiches, für die Lehre zu gewinnen. Also brach er auf nach Kosambī, der Vaṃsā-Hauptstadt an der Yamunā.

Der Orden war in Kosambī bereits etabliert und besaß dort einige gestiftete Klöster. Die Disziplin der Mönche am Ort ließ allerdings zu wünschen übrig – eine Folge des Umstandes, daß der Mahārāja Udena dem Zustand der Klöster in seinem Reich keine Aufmerksamkeit schenkte.

Udena hatte nur weltliche Interessen. Das Thema Religion war ihm zuwider, und die Wortgefechte zwischen seinen verschiedengläubigen Frauen ärgerten ihn. Der Begegnung mit dem Buddha wich er aus. Erst sehr viel später, als sein eigener Sohn Bhikkhu geworden war, scheint seine Abneigung gegen die Religion sich gemildert zu haben.

Ausgerechnet das größte buddhistische Kloster von Kosambī, der Ghosita-Hain (Ghositārāma), wurde zum Ausgangspunkt einer peinlichen Affäre. Zwei Mönchsgruppen hatten sich dort in einer Frage der Etikette so zerstritten, daß es vor den Augen der Laienbekenner zu Raufereien kam und eine Ordensspaltung drohte. Da seine zur Eintracht mahnenden Worte bei den Bhikkhus nichts bewirkten, kehrte der Buddha der Stadt den Rücken. Die Laienbekenner von Kosambī beschlossen daraufhin, die Mönche durch einen Spendenboykott zur Vernunft zu bringen.

Der ausbrechende Versorgungsnotstand machte die streitenden Parteien kompromißbereiter. Der Buddha weilte längst an einem

Das Ghositārāma-Kloster in Kosambī

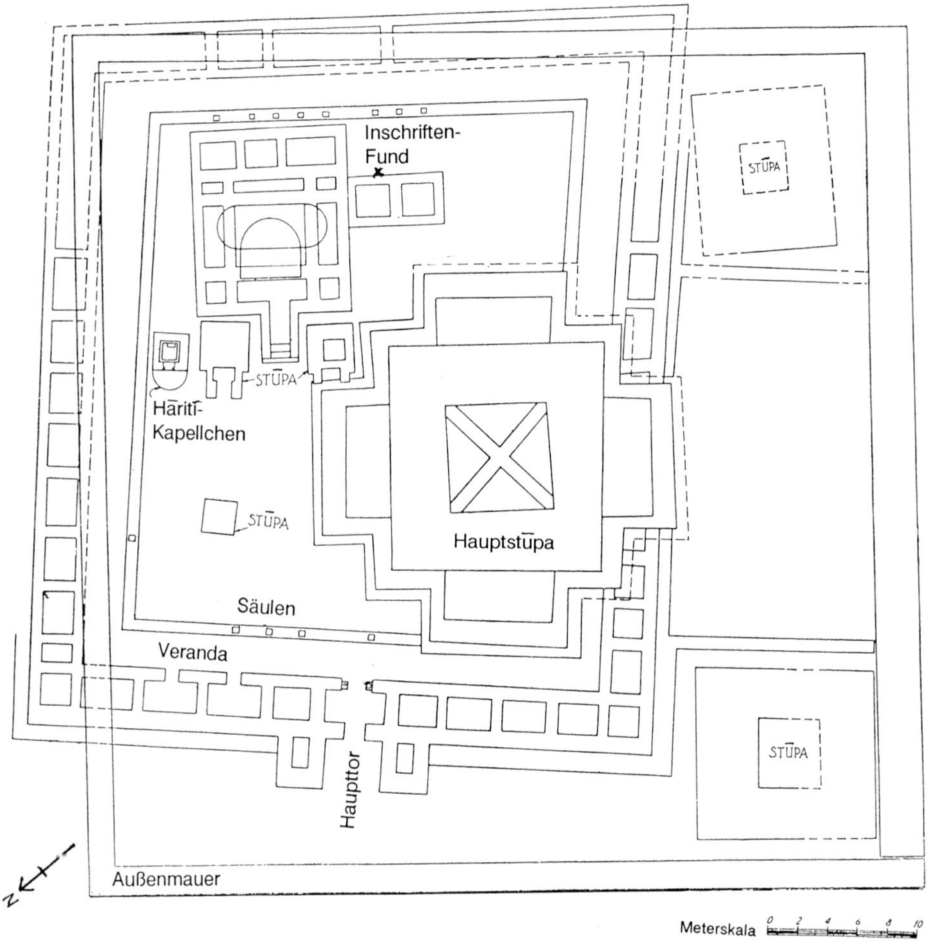

anderen Ort, als es ihm durch geschicktes Taktieren gelang, den äußeren Frieden im Ordenskapitel von Kosambī wiederherzustellen. Der Aufenthalt in Kosambī und im Vaṃsā-Reich war ihm jedoch fortan verleidet.

> 49 Im Ghosita-Klosterhain (Ghositārāma) in Kosambī, einer Stiftung des Kaufmanns oder Bankiers Ghosaka, hat der Buddha in den frühen Jahren seiner Lehrtätigkeit mehrfach geweilt. Nachdem sich jedoch der Mahārāja Udena dem Gespräch mit ihm entzogen hatte und die Mönche des Ghositārāma in Streit geraten waren, mied er Kosambī.

Aus den Ruinen des Ghositārāma, der durch den Fund einer Tontafel mit Inschrift eindeutig identifiziert ist, läßt sich schwer ein Eindruck der alten Anlage gewinnen. Das Kloster war von der Buddhazeit bis zum 6. Jh. n. Chr. bewohnt; die Archäologen können 16 Bauperioden unterscheiden, die sich überdecken und überschneiden. Der Haupt-Stūpa, von dem wenig erhalten ist, wurde in vier Baustufen vergrößert. Um 510 n. Chr. wurde das Kloster durch Toramāṇa, den Anführer der Weißen Hunnen (Hūṇa), und seine Truppen zerstört.

49

KĀLI GANDAK
Kathmandu
MORIYA
Sāvatthi
Kapilavatthu I
Lumbinī
Kapilavatthu II
KOLIYA
VIDEHA
SUN KOSI
ARUN
ACIRAVATĪ
Sāketa
(Ayojjhā)
Kusināra
Mithilā
Lucknow
Gorakhpur
NEPĀL
KOSALA
MALLA
GANDAK
VAJJI
GHĀGARA
Darbhanga
INDIEN
LICCHAVI
Muzaffarpur
Vesāli
VAMSĀ
GOMATI
KĀLĀMA
BĀGHMATI
SAPTI KOSI
GANGES
KĀSI
Pātaliputta (Patna)
YAMUNĀ
Prayāga
(Allāhabād)
Sārnāth
Kosambī
Benares
SONA
PHALGU
MAGADHA
Monghyr
Bhāgalpur
Campā
Nālandā
Rājagaha
ANGA
Gayā
Bodh Gayā
NERANJARĀ
Uruvelā
Städte der Buddhazeit
nachbuddhistische Städte
heutige indisch-nepālische Grenze
Flussverlauf zur Buddhazeit
Handelsstrassen

10. Vesāli: Die Hauptstadt der Licchavi-Republik

Es geschah auf Bitten der Einwohner von Vesāli, daß der Buddha die Stadt zum erstenmal besuchte. Der Monsun war ausgeblieben, und die Vesālier hofften, daß Gotama den fruchtbringenden Regen vom Himmel herabholen könne. Tatsächlich brach kurz nach seinem Eintreffen der Monsun auch über Vesāli aus.

In Vesāli, der Hauptstadt der Licchavis, war der Buddha wiederholt, aber nur einmal länger zu Gast. Gewöhnlich wohnte er in der Spitzdachhalle (Kūṭāgārasālā), wo zahlreiche Bürger ihm ihre Aufwartung machten und sich im Dhamma unterweisen ließen.

Von besonderer Bedeutung war der Besuch, den die Ziehmutter des Buddha, die Matrone Mahāpajāpatī Gotamī, ihm in der Spitzdachhalle abstattete. Durch den Tod des Rāja Suddhodana Witwe geworden, war sie dem Buddha aus Kapilavatthu nachgewandert, um ihn zu bitten, einen Nonnenorden zu gründen. Der Buddha lehnte zunächst ab, gab dann aber doch nach, als der Bhikkhu Ānanda ihn daran erinnerte, daß er die Erlösungsfähigkeit von Frauen stets bejaht habe und zudem seiner Stief- und Pflegemutter moralisch verpflichtet sei. Widerwillig stimmte der Meister der Gründung des Nonnenordens zu, und Mahāpajāpatī wurde als erste Nonne *(bhikkhunī)* ordiniert.

Ein Klosterhain wurde dem Buddha bei seinem letzten Besuch in Vesāli geschenkt, und zwar von der schönen Stadtkurtisane Ambapālī. Nach der Morgenmahlzeit, zu der sie Gotama und seine Mönche eingeladen hatte, übereignete sie ihm den Hain als ständiges Refugium. Feste Bauten scheint es im Ambapālī-Wäldchen (Ambapālivana) nicht gegeben zu haben.

Vesāli – genauer: das Dorf Beluva vor dem südlichen Stadttor –

war auch der Ort des letzten Regenzeitaufenthalts des Buddha (484 v. Chr.). Es war eine schwere Zeit. Der Meister, beinahe achtzig Jahre alt, wurde sehr krank, kam aber durch Ānandas Pflege wieder zu Kräften. Als Ānanda meinte, er, der Buddha, habe wohl nicht ins Parinibbāna eingehen wollen, da er noch keine Bestimmung über den Orden getroffen hatte, erwiderte der Meister:

> Wieso, Ānanda, erwartet der Mönchsorden das von mir? Ich habe die Lehre dargelegt ohne ein Innen und Außen zu unterscheiden, (denn) in der Lehre des Vollendeten gibt es nicht die geschlossene Faust des Lehrers (in welcher er gewisse Wahrheiten als Geheimwissen zurückhält). ... Ich bin jetzt alt, in der Neige meiner Jahre, ein Greis, meine (Lebens)Reise geht zu ende. ... Darum, Ānanda, seid (von nun ab) euch selbst eine Insel, euch selbst eine Zuflucht; sucht keine andere Zuflucht. (D 16, 2, 25–26)

Damit war verfügt, daß nicht ein Lehrer, sondern die Lehre, der Dhamma selbst, in Zukunft der Führer des Ordens sein solle. Ein paar Tage nach diesen Worten brach der Buddha, von Ānanda begleitet, nach Nordwesten auf.

Noch einmal, angeblich hundert, wahrscheinlich aber sehr viel weniger Jahre nach dem Tode des Meisters, war Vesāli für die Geschichte des Buddhismus von Bedeutung: als Veranstaltungsort des Zweiten buddhistischen Konzils. Auf ihm spaltete sich die Gemeinschaft der Mönche in die Gruppe der (konservativen) Theravādins und die der (modernistischen) Mahāsaṅghikas. Aus der letzteren Schule ging später der Mahāyāna-Buddhismus hervor.

Zu Seite 148 bis 151:

50 Keine der mit dem Leben des Buddha verbundenen Örtlichkeiten von Vesāli konnte bisher archäologisch identifiziert werden. Die auffälligsten buddhistischen Monumente am Ort sind der 2 km vom alten Stadtkern Vesālis entfernt liegende Stūpa am Karauna-Teich und die Asoka-Säule mit dem Löwenkapitell.

Der chinesische Mönch Xuanzang (7. Jh.) erwähnt in seinem Bericht über Vesāli mehrere Stūpas, darunter denjenigen, den die Licchavis nach dem Tode des Buddha über ihrem Anteil an Buddhareliquien errichtet hatten, und einen jüngeren, den der Kaiser Asoka bauen ließ. Da Asoka die Reliquien, die er für seine Stūpas benötigte, den älteren Stūpas entnahm und der Stūpa vor der Löwensäule Spuren einer frühen Öffnung aufweist, nehmen die Archäologen an, daß es sich um den Licchavi-Stūpa handelt.

51 Die aus Sandstein gehauene monolithische Asoka-Säule von Vesāli ist fast 14 m hoch, der sitzende Löwe mißt davon 137 cm. Die Säule ist ohne Inschrift, daher bleibt ungewiß, an welches Ereignis sie erinnern soll.

50

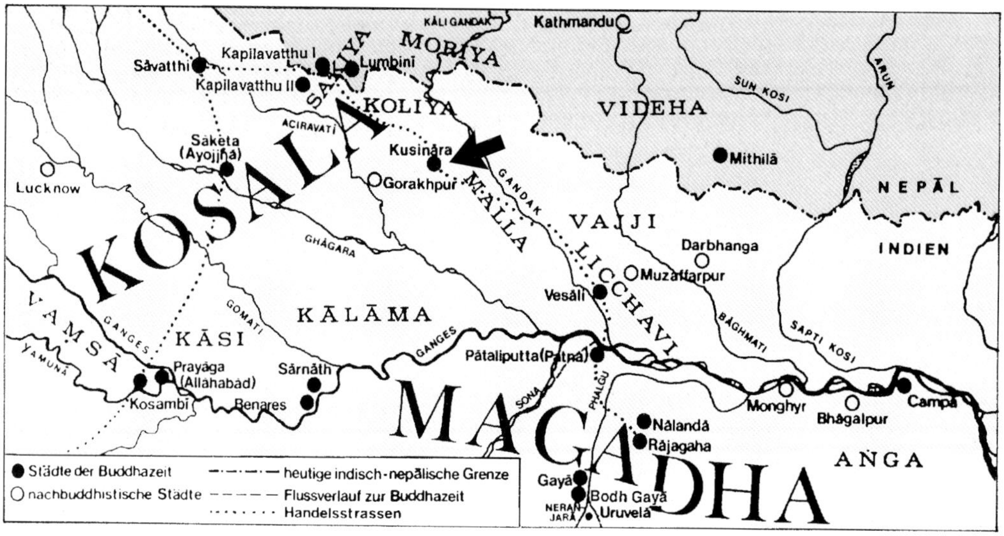
KOSALA
MAGADHA
VIDEHA
MORIYA
KOLIYA
MALLA
VAJJI
LICCHAVI
KĀLĀMA
KĀSI
VAMSĀ
AṄGA
NEPĀL
INDIEN
Kathmandu
Kapilavatthu I
Kapilavatthu II
Lumbinī
Sāvatthi
Sāketa (Ayojjhā)
Lucknow
Kusināra
Gorakhpur
Mithilā
Darbhanga
Muzaffarpur
Vesāli
Pātaliputta (Patna)
Prayāga (Allahabad)
Kosambī
Sārnāth
Benares
Nālandā
Rājagaha
Monghyr
Bhāgalpur
Campā
Gayā
Bodh Gayā
Uruvelā
KĀLI GANDAK
SUN KOSI
ARUN
ACIRAVATĪ
GANDAK
GHĀGARA
GOMATI
GANGES
YAMUNĀ
BĀGHMATI
SAPTI KOSI
SONA
PHALGU
NERAN-JARĀ
Städte der Buddhazeit
nachbuddhistische Städte
heutige indisch-nepālische Grenze
Flussverlauf zur Buddhazeit
Handelsstrassen

11. Kusināra: Parinibbāna des Buddha

Von Beluva bei Vesāli, wo er, schwer krank, die Regenzeit zugebracht hatte, machte sich der fast achtzigjährige Buddha nach Ende der Regenzeit wieder auf die Wanderung, und zwar in Richtung auf Sāvatthi. Wahrscheinlich wollte er im Jetavana-Kloster den Tod erwarten.

Der Weg führte durch das Dorf Pāvā, wo der Schmied Cunda die kleine Schar für den nächsten Tag zur Morgenmahlzeit einlud. Das Gericht, das Cunda für den Buddha zubereitet hatte, erwies sich als unverträglich. Der greise Lehrer erkrankte an Dysenterie mit Koliken, schleppte sich aber trotzdem in kleinen Etappen weiter nach Kusināra, einer kleinen Stadt des Malla-Stammes. In einem Wäldchen von Sāla-Bäumen (Shorea robusta), die gerade in Blüte standen, bereitete ihm Ānanda ein Lager. Wissend, daß er sich von dieser Stelle nicht mehr erheben werde, wies der Buddha den Ānanda an, sich über seine Beisetzung keine Gedanken zu machen: Die Bürger von Kusināra würden sich darum kümmern.

Der Meister starb in der übernächsten Nacht. Kurz vor seinem Verlöschen erinnerte er die Mönche noch einmal daran, daß kein Lehrer seine Nachfolge übernehmen solle, sondern in Zukunft allein die Lehre *(dhamma)* und Ordenszucht *(vinaya)* als Richtschnur für den Saṅgha zu gelten habe. Da dies voraussetzte, daß keine Unklarheiten blieben, gab er den Mönchen eine letzte Gelegenheit, ihm Fragen zu stellen, aber die Bhikkhus blieben stumm. Schweigen herrschte rundum, als der sterbende Buddha sie ermahnte:

Nun denn, Mönche, ich beschwöre euch: Die Persönlichkeitsbestandteile[1] unterliegen dem Gesetz der Vergänglichkeit. Bemüht euch angestrengt! (D 16, 6, 7)

Darauf fiel er in ein Koma, aus dem er nicht mehr erwachte. Siddhattha Gotama, der Buddha, war ins Vollkommene Verlöschen (parinibbāna) eingegangen. Nach der älteren indologischen Datierung wird der Tod des Buddha auf 483 v. Chr. angesetzt.

Eine Woche später wurde der Leichnam eingeäschert. Die Knochen- und Aschenüberreste wurden als Reliquien verteilt.

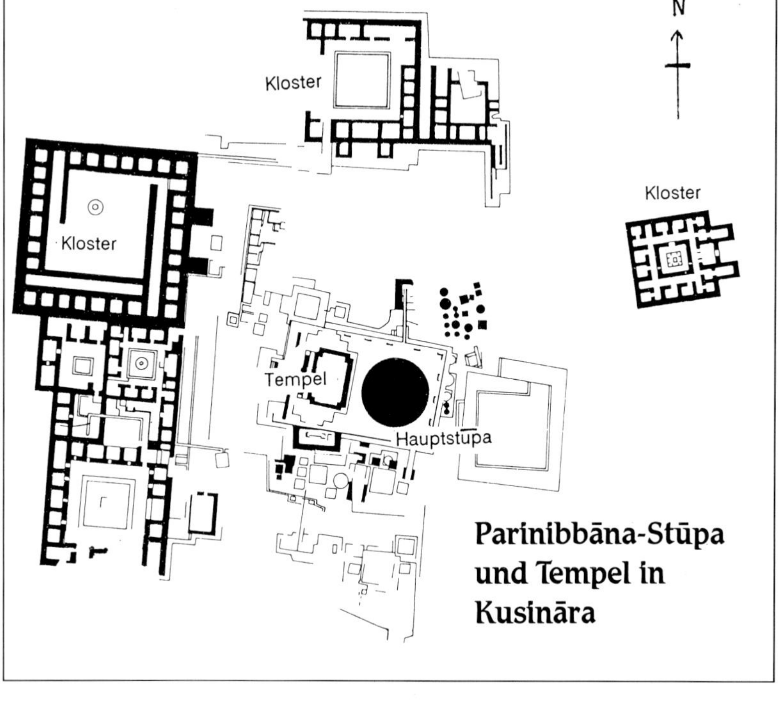

Parinibbāna-Stūpa und Tempel in Kusināra

[1] *Saṅkhāra* bezeichnet hier die fünf die empirische Person ausmachenden Gruppen *(khandha)*, die durch die Tatabsichten (ebenfalls: *saṅkhāra*) der Vorexistenz kammisch bedingt *(saṅkhata)* wurden.

Zu Seite 156 bis 161:

52 Ein Stūpa und ein Tempel bezeichnen den Sterbeort des Buddha im Sāla-Hain von Kusināra. Um die heilige Stätte herum liegen die Ruinen von acht Klöstern. In den 50er Jahren ist das Gelände mit Sāla-Bäumen wieder aufgeforstet worden.

Der Nibbāna-Tempel wurde 1956 neu errichtet und ersetzt einen alten Tempel an der gleichen Stelle. Der Entwurf entspricht frühen Vorbildern. Die ersten buddhistischen Vihāras bestanden aus Bambusstäben, die mit beiden Enden in die Erde gesteckt und mit Matten aus Blättern gedeckt waren: So entstand die Form des Tonnendachs. Der Tempel enthält eine Skulptur des ins Parinibbāna eingehenden Buddha.

53 Mit dem Kopf nach Norden auf der rechten Seite, «in Löwenlage» ruhend, war der Buddha 483 v. Chr. als Achtzigjähriger in Kusināra ins Verlöschen eingegangen. Alle Darstellungen seines Sterbens zeigen ihn in dieser Haltung.

Die 6,20 m lange Sandsteinskulptur im Nibbāna-Tempel von Kusināra stammt aus dem 5. Jh. n. Chr. Sie wurde 1876 in den Ruinen des alten Tempels schwer beschädigt gefunden und sorgsam restauriert. Die Vergoldung und das den Körper bedeckende Tuch sind die Spende ceylonesischer Buddhisten.

Xuanzang, der Kusināra im 7. Jh. besuchte, fand den Ort fast unbewohnt, Tempel und Stūpas im Verfall. Er sah aber noch die Skulptur im Originalzustand und eine (heute verschwundene) Asoka-Säule, deren Inschrift den Ort als Sterbestätte des Buddha auswies. Zwischen dem 9. und 11. Jahrhundert belebte sich Kusināra wieder, es entstanden einige weitere Klöster. Mit der Verdrängung des Buddhismus aus Indien im 12. Jahrhundert erstarb auch in Kusināra alles religiöse Leben. Erst 1861 wurde der Ort wiederentdeckt und archäologisch erschlossen.

54 Der Nibbānastūpa von Kusināra ist aus einem knapp drei Meter hohen, Aschenreliquien enthaltenden Ziegelstūpa durch immer neue Ummantelungen und Aufstockungen erwachsen. Er wurde 1876 freigelegt und 1927 restauriert. Die Beton-Ummantelung aus den 50er Jahren ist im Kuppelteil hohl und überwölbt den Stūpa in der Gestalt der Restaurierung von 1927. In seiner kompletten Form scheint der Stūpa einst 45 m hoch gewesen zu sein.

Ein zweiter, weitgehend abgetragener Stūpa liegt neben dem Nibbānastūpa unterhalb der Ziegelplattform. Seine Geschichte ist unbekannt.

Keines der in Kusināra entdeckten Bauwerke reicht vor die Kuśāna-Zeit (1. Jh. n. Chr.) zurück.

52

DONATION
BOX

53

54

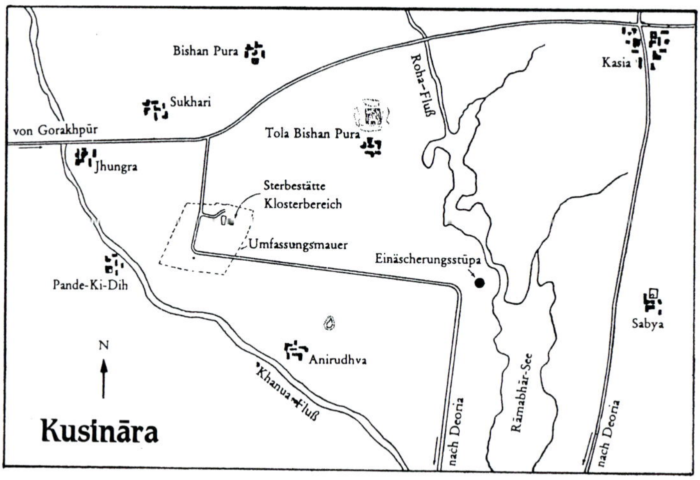
Bishan Pura
Sukhari
von Gorakhpūr
Jhungra
Tola Bishan Pura
Roha-Fluß
Kasia
Sterbestätte
Klosterbereich
Umfassungsmauer
Einäscherungsstūpa
Pande-Ki-Dih
Sabya
N
Anirudhva
Khanua-Fluß
Rāmabhār-See
nach Deoria
nach Deoria
Kusināra

55 Eine Woche nach seinem Parinibbāna wurde der Buddha eingeäschert. Der Meisterjünger Mahākassapa, Gotamas alter Freund, war es, der den Scheiterhaufen in Brand setzte. Die Verbrennungsstätte liegt 1,5 km östlich vom Sterbeort.

Als der Scheiterhaufen fast heruntergebrannt war, wurde die Restglut gelöscht; die Knochen- und Aschenrückstände wurden eingesammelt und als Reliquien verteilt. Einen Reliquienanteil nahmen auch die Sakiyas entgegen, der Stamm, in dem der Buddha geboren war.

Die Einäscherungsstätte ist lokalisiert durch den Aṅgāra-, den Holzkohlen-Stūpa (Bild). Er hat einen Durchmesser von 34 m, ist aber im heutigen Zustand nur rund 8 m hoch. Schatzsucher vieler Jahrhunderte haben in dem Stūpa gegraben, und Ziegelplünderer haben von ihm Steine zum Bauen geholt. Welchen Grad der Verehrung die Stätte einmal genoß und wie viele Pilger sie aufsuchten, wird deutlich durch die Menge von Votivplaketten, die bei archäologischen Grabungen am Ort gefunden wurden.

Der chinesische Buddhamönch Xuanzang (7. Jh.) berichtet, er habe in der Nähe des Einäscherungsstūpa eine Säule des Kaisers Asoka gesehen, deren Inschrift darauf hinwies, daß hier die Reliquien des Buddha verteilt worden seien.

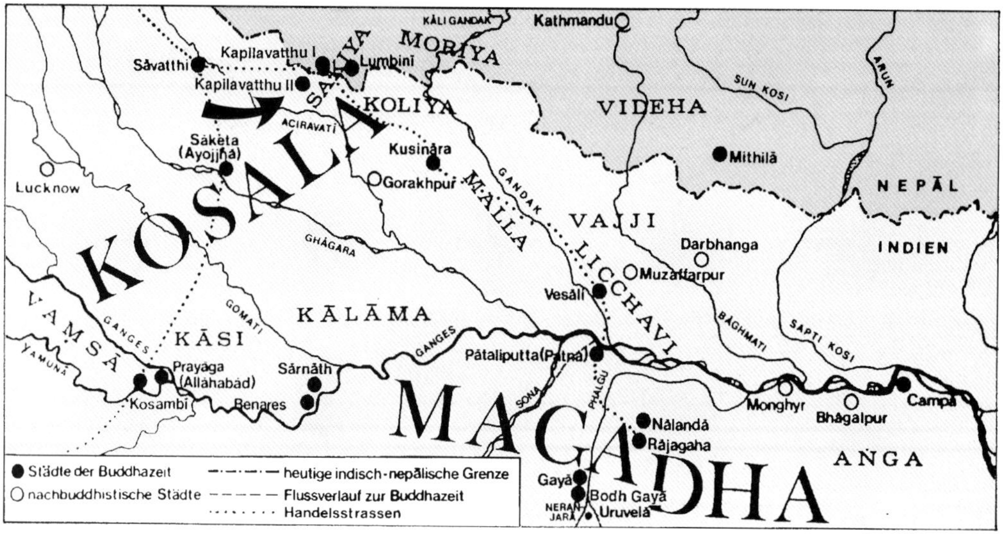

KOSALA
MAGADHA
SAKIYA
MORIYA
KOLIYA
VIDEHA
VAJJI
LICCHAVI
MALLA
KĀLĀMA
KĀSI
VAMSĀ
AṄGA
NEPĀL
INDIEN
Kathmandu
Sāvatthi
Kapilavatthu I
Kapilavatthu II
Lumbinī
Sāketa (Ayojjhā)
Lucknow
Kusinārā
Gorakhpur
Mithilā
Darbhanga
Muzaffarpur
Vesālī
Pātaliputta (Patnā)
Prayāga (Allahabād)
Kosambī
Sārnāth
Benares
Nālandā
Rājagaha
Gayā
Bodh Gayā
Uruvelā
Monghyr
Bhāgalpur
Campā
KĀLI GANDAK
SUN KOSI
ARUN
ACIRAVATĪ
GHĀGARA
GANDAK
GOMATI
GANGES
YAMUNĀ
SONA
PHALGU
BĀGHMATI
SAPTI KOSI
NERANJARĀ
Städte der Buddhazeit
nachbuddhistische Städte
heutige indisch-nepālische Grenze
Flussverlauf zur Buddhazeit
Handelsstrassen

12. Kapilavatthu II (Piprahvā): Stūpa der Buddhareliquien

Nach der Verbrennung des Buddha-Leichnams in Kusināra waren die Knochenrückstände in acht Teile aufgeteilt und dem Abgesandten des Magadha-Königs Ajātasattu sowie den Boten von sieben nordindischen Stämmen übergeben worden. Alle Empfänger setzten ihren Reliquienanteil in ihren Hauptstädten in Stūpas bei.

Ein Achtel der Einäscherungsreste hatten auch die Sakiyas, der Stamm des Buddha erhalten. Sie hätten die Reliquie wahrscheinlich in Kapilavatthu I (Tilaurakoṭ im heutigen Nepāl), Gotamas Heimatstadt, bestattet, wenn die Stadt nicht drei Jahre zuvor vom Kosala-Mahārāja Viḍūḍabha, der seinen Vater Pasenadi entthront hatte, im Verfolg einer persönlichen Rache an den Sakiyas zerstört worden wäre. So kam der Ort, wo der Buddha die ersten 29 Jahre seines Lebens zugebracht hatte, als Beisetzungsort seiner Reliquien nicht mehr in Frage.

Zum Glück hatte sich eine größere Anzahl von Bürgern des alten Kapilavatthu vor Viḍūḍabhas Zorn in Sicherheit bringen können. Als sie erkannten, daß der Mahārāja seine Rache als vollzogen ansah, waren sie nicht in die niedergebrannte Stadt zurückgekehrt, sondern hatten 16 km südwestlich davon eine neue gegründet, die sie Groß-Kapilavatthu nannten. Hier, in Kapilavatthu II, gaben sie später ihrem Anteil an Buddhareliquien die letzte Heimat.

Die Neuansiedlung der Sakiyas (= Kapilavatthu II) liegt auf indischem Boden bei dem Dorf Ganvariyā. Von der Stadt sind ein paar Ziegelfundamente erhalten, darunter die eines Baues, der von einigen Archäologen sehr willkürlich als Palast der Sakiyas gedeutet wird. Einen Kilometer weiter liegt die Stelle, wo die Sakiyas die Urnen ihrer prominenteren Toten bestatteten – bei dem heutigen

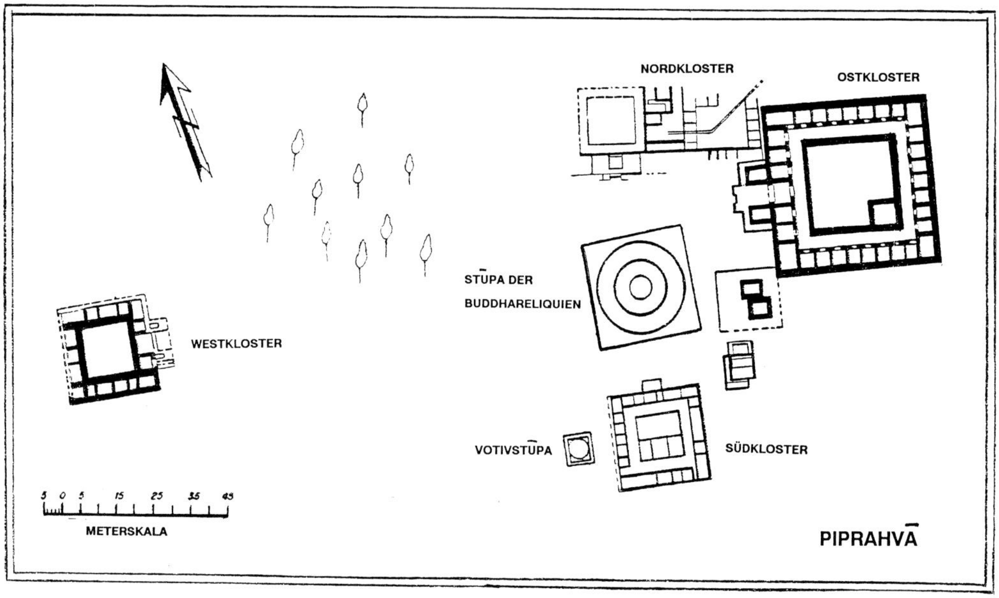

Dorf Piprahvā. Hier fällt ein breit angelegter, relativ flacher Stūpa auf, der von Überresten buddhistischer Klöster umgeben ist. Es ist der Stūpa, in dem Buddhareliquien entdeckt wurden.

Kapilavatthu II ist schwer zu finden, da weder die archäologische Stätte noch die Dörfer Ganvariyā und Piprahvā auf den indischen Straßenkarten eingetragen sind. Man erreicht Kapilavatthu II mit dem Auto von Naugarh aus, einer Bahnstation der North Eastern Railway. Die Fahrstrecke ist 25 km lang und verläuft nach Norden. Ein von den Archäologen an der Landstraße aufgestelltes, auf eine Abzweigung nach links verweisendes Schild «Kapilavastu 8,4 km» beseitigt Zweifel an der Richtigkeit des Weges wenigstens für den letzten Teil der Reise.

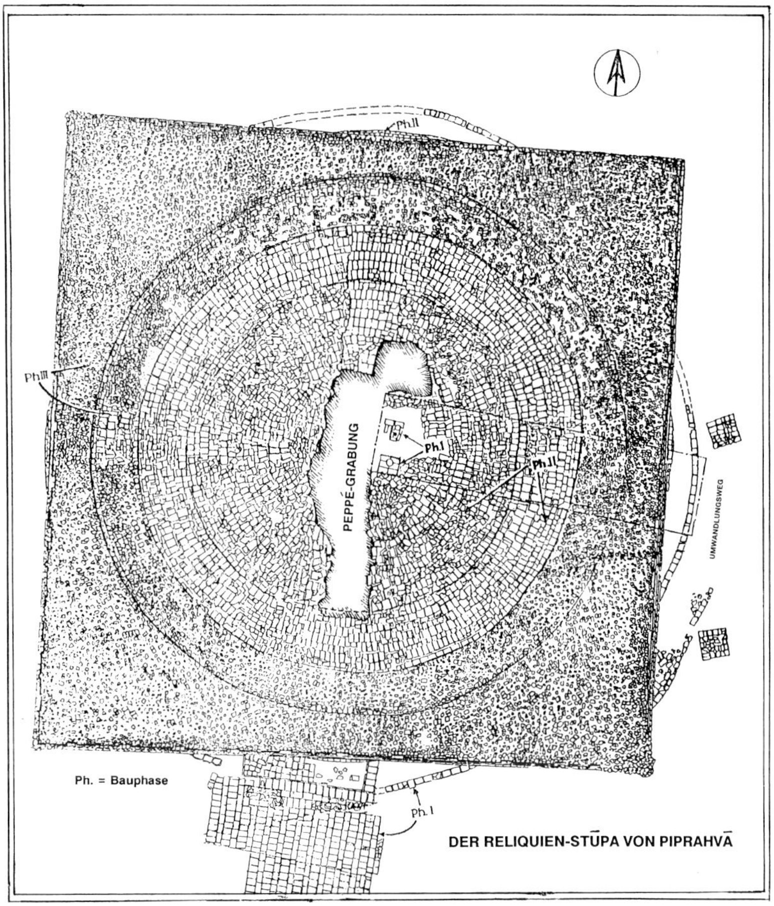

> 56 Der Stūpa von Piprahvā (Kapilavatthu II), in dem die Sakiyas ihren Reliquienschatz beigesetzt hatten, ist 1898 von W. C. Peppé, einem britischen Großgrundbesitzer aus Birdpur, entdeckt und untersucht worden. Peppé zog über den Scheitelpunkt des Stūpa einen Suchgraben – und fand in drei Meter Tiefe eine kleine zerbrochene Specksteinvase mit Votivgaben, zweieinhalb Meter darunter einen großen Steinkasten mit gebrochenem Deckel. Er enthielt fünf Gefäße. Eins davon, eine gedrechselte kugelförmige Specksteinurne von 153 mm Höhe und 105 mm Durchmesser, trägt in Māgadhī-Sprache und unbeholfener Brāhmī-Schrift den Text: «Diese Urne mit Reliquien des erhabenen Buddha aus dem Sakiya(-Stamm) ist eine Stiftung des Sukiti und seiner Brüder mitsamt Schwestern, Söhnen und Frauen.» Die Urne enthielt außer Knochenteilchen und Asche zahlreiche Kleinstobjekte: Schmuckperlen aus Keramik und Kristall sowie aus Goldfolie geschnittene Figürchen von Menschen, Tieren und Symbolen.

Unter den anderen in dem Steinkasten gefundenen Gefäßen sind eine gebauchte runde Kristalldose mit einem Deckelgriff in Form eines Fisches sowie eine flache Deckelschale auffällig. Die Fundstücke befinden sich heute in der Obhut des Indian Museum in Kalkutta – außer der Asche, den eigentlichen Reliquien. Nach dem 1954 in Kalkutta erschienenen «Guide to the archaelogical Galleries of the Indian Museum» von C. Śivarāmamūrti (S. 27) «hat die Regierung von Indien die verkohlten Knochen, die in der Specksteinvase gefunden wurden, da sie mehr von religiösem als archäologischem Interesse sind, dem König von Siam geschenkt».

Jahrzehntelang hat man angenommen, daß die in Piprahvā gefundenen Buddhareliquien sehr bald nach dem Tode des Meisters dort beigesetzt wurden; dementsprechend hielt man die Inschrift auf der Urne für den ältesten erhaltenen Schriftbeleg Indiens. In neuerer Zeit wird diese Meinung angefochten. Paläographen und Archäologen haben darauf hingewiesen, daß der Brāhmī-Letterntypus der Urneninschrift erst dem 2. Jh. v. Chr. angehöre und daß gedrechselte Specksteinurnen nicht vor diesem Zeitpunkt verwendet wurden. Zudem wiesen einige der aus Goldfolie geschnittenen, in der Urne gefundenen Beigaben Symbole auf,

56

die erst im 2. Jh. v. Chr. in Gebrauch kamen. Letztlich sei auch die Kristalldose mit dem Fischdeckel zu beachten, die mit der Urne zusammen gefunden wurde: sie stelle einen Formtypus dar, der erst dem 1. Jh. v. Chr. zuzuordnen sei (Härtel 1991, S. 75). Damit wird die Folgerung nahegelegt, daß die Piprahvā-Urne nicht das Originalbehältnis der Buddhareliquien ist, sondern die Reliquien erst bei einer Sekundärbestattung der Nach-Asoka-Zeit in dieser Urne untergebracht worden sind.

Eine zweite Grabung im Reliquien-Stūpa von Piprahvā unternahm K. M. Śrivastava 1972. Sie förderte in 6 m Tiefe – d. h. unter dem von Peppé erreichten Niveau – zwei Kammern aus gebrannten Ziegeln zutage, die je eine gedrechselte Specksteinurne von 12 bzw. 16 cm Höhe enthielten. Beide Urnen sind der von Peppé gefundenen ähnlich, aber ohne Inschrift. Sie bargen verkohlte Knochen, wahrscheinlich von prominenten Sakiyas, die vor dem Buddha hier beigesetzt worden sind. Man darf annehmen, daß der für sie errichtete Grabtumulus nach dem Populärwerden des Buddhismus unter Asoka zum Beisetzungsort für die Buddhareliquien erhoben und in zwei oder drei Bauphasen auf seine heutige Ausdehnung vergrößert wurde.

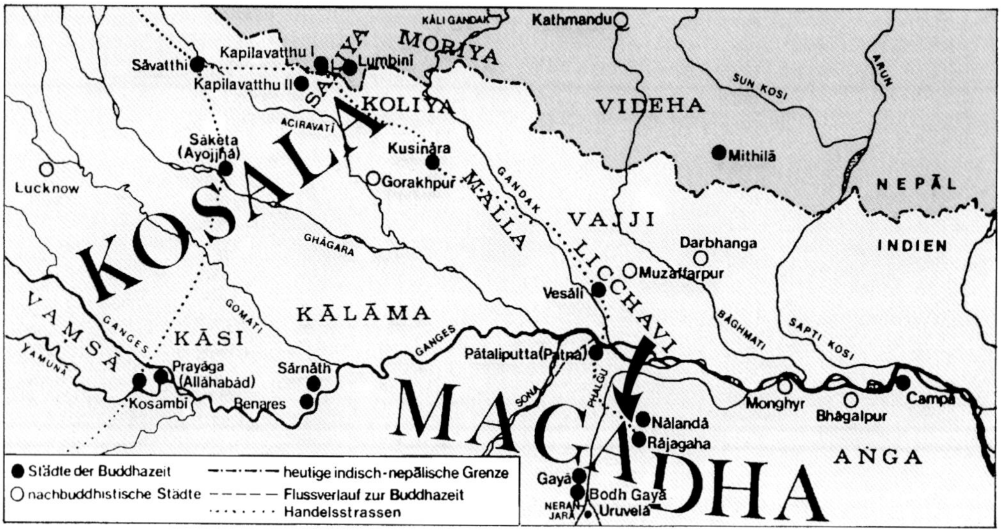

KĀLI GANDAK
Kathmandu
MORIYA
Kapilavatthu I
Lumbinī
Sāvatthi
Kapilavatthu II
SAKYA
KOLIYA
VIDEHA
SUN KOSI
ARUN
ACIRAVATĪ
Sāketa
(Ayojjhā)
Kusināra
Mithilā
Lucknow
Gorakhpur
GANDAK
MALLA
NEPĀL
KOSALA
VAJJI
Darbhanga
INDIEN
GHĀGARA
LICCHAVI
Muzaffarpur
Vesālī
VAMSĀ
GOMATĪ
KĀLĀMA
BĀGHMATI
SAPTI KOSI
GANGES
KĀSI
Pātaliputta (Patna)
YAMUNĀ
Prayāga
(Allāhabād)
Sārnāth
SONA
PHALGU
Kosambī
Benares
Monghyr
Bhāgalpur
Campā
MAGADHA
Nālandā
Rājagaha
ANGA
Gayā
Bodh Gayā
NERANJARĀ
Uruvelā
Städte der Buddhazeit
nachbuddhistische Städte
heutige indisch-nepālische Grenze
Flussverlauf zur Buddhazeit
Handelsstrassen

13. Noch einmal Rājagaha: Das Erste Konzil

Der Scheiterhaufen des Buddha in Kusināra war erloschen, die Reliquien waren verteilt, als Mahākassapa seine Mitmönche aufforderte: «Laßt uns den Dhamma (die Lehre) und den Vinaya (die Ordensregeln) gemeinsam aufsagen, damit nicht falsche Lehren und Regeln aufkommen und Irrlehrer auftreten, während die Sachkenner (an Zahl) zu schwach werden!» Er berief deshalb für die kommende Regenzeit ein Gremium von «fünfhundert» Seniormönchen nach Rājagaha ein, um das authentische Buddhawort festzulegen.

Das Treffen – das Erste buddhistische Konzil – fand an der Sattapaṇṇi-Höhle am Nordhang des Vebhāra-Berges von Rājagaha statt. Ānanda, der kurz zuvor die Heiligkeit erlangt hatte, trug die Lehrreden *(sutta)* des Buddha, Upāli die Ordensregeln *(vinaya)* vor, aber auch jeder andere Bhikkhu war eingeladen, die ihm in Erinnerung gebliebenen Äußerungen des Buddha vorzutragen. Schwieg die Synode, war der Text als echt anerkannt und kanonisiert.

Das so zusammengetragene Textkorpus wurde nicht niedergeschrieben, sondern dem Gedächtnis eingeprägt und später an jüngere Mönche zur Memorierung weitergegeben. Erst Jahrhunderte nach dem Tode des Buddha wurden die Texte in Ceylon (Śrī Laṅkā) in der Pāli-Sprache schriftlich festgehalten.

Wir wüßten wenig oder nichts über die Lehre und das Leben des Buddha, wenn Mahākassapa nicht den Anstoß zum Ersten Konzil gegeben hätte.

57

57 Der Aufstieg zur Sattapaṇṇi-Höhle am Vebhāra-Berg beginnt am Nordtor von Alt-Rājagaha hinter den warmen Quellen und führt über einige hundert Stufen. Steigend passiert man den Pipphali-Wachturm, das sogenannte «Steinhaus», in dessen Wohnnischen Mahākassapa mehrfach geweilt und einmal krank darniedergelegen hat. An einigen Jaina-Tempeln vorbei gelangt man zum Ādinātha-Tempel auf dem Bergrücken, von wo aus ein nach rechts und abwärts führender Treppenweg den Pilger 30 m tiefer zur Sattapaṇṇi-Höhle leitet.

Die «Höhle des Siebenblatt-Baumes» (sattapaṇṇiguhā) besteht aus vier Einzelhöhlen, zwei flach, zwei andere etwa 8 m in den Berg hineinreichend; eine fünfte Höhle ist eingestürzt. Die Höhlen liegen um eine 40 m lange sichelförmige, von Menschenhand planierte Terrasse, die einen weiten Blick in die Ebene von Bihār gewährt. Die Terrasse ist der eigentliche Ort des Konzils – falls dieses nicht, wie der Archäologe John Marshall vermutet, auf dem Rücken des Vebhāra-Berges stattgefunden hat.

Die Sattapaṇṇi-Höhle ist auch durch die Präsenz des Buddha geheiligt. Mindestens einmal hat sich der Meister hier aufgehalten.

Nachwort

Unsere Reise zu den Stätten des Buddha ist beendet. Wären wir am Ort, würden wir jetzt in unser Auto steigen oder zur Bushaltestelle wandern, um die Rückfahrt anzutreten. Mancherlei Gedanken bewegen uns.

Woher rührt es, daß das Wort des Buddha für so viele Millionen Menschen zum heiligen Wort wurde? Wie ist Gotamas Botschaft beschaffen, daß sie noch nach zweieinhalbtausend Jahren die Herzen zum Leuchten bringt?

Gewiß spielten für ihren Erfolg die sozialen und politischen Gegebenheiten der Buddhazeit eine Rolle, aber ebenso war es der Zauber der Persönlichkeit des Meisters, der sein Wirken zum Ereignis machte. Wer immer ihm begegnete, war vom Adel seines Denkens und seiner Erscheinung und von der Rationalität seiner Lehre fasziniert und geneigt, in die Lobesformel seiner Anhänger einzustimmen: «Er ist der Erhabene, Heilige, Vollkommen Erwachte – in Wissen und Praxis zu Hause, wohlgewandert und welterfahren, unübertrefflich als Lenker und Menschenzähmer, ein Lehrmeister für Götter und Menschen, (kurzum) ein Buddha und Vollendeter!» (D 3, 1 I p. 87)

Den Spuren des historischen Buddha nachzureisen ist eine Freude, die mit Wehmut gemischt ist, denn wo der Meister einst wanderte, findet man zumeist Trümmer und Verlassenheit. Aber war nicht die Vergänglichkeit der Wesen und Dinge seine Botschaft gewesen? Hatte er nicht betont, daß auch der Dhamma dereinst vergessen, aber später aufs neue entdeckt würde? Mag Indien seinen großen Sohn aus dem Gedächtnis verloren haben, anderswo in Asien, aber auch bei vielen Menschen in Europa und Amerika, ist seine Botschaft lebendig. Freuen wir uns daran, wie ein überlegener Geist das Leiden der Welt und seine Ursachen durchschaute und aufzeigte, daß die Erlösung in uns selber liegt.

Anhang

Abkürzungen

A	Aṅguttaranikāya
D	Dīghanikāya
Jāt	Jātaka
P.	Pāli
Skt.	Sanskrit
Snip	Suttanipāta

Chinesische Indien-Reisende

	Leben	*Indienreise*
Faxian (Fa-hsien)	374–460	399–414
Xuanzang (Hsüan-tsang, Hiuen-tsang)	602–664	629–645
Yijing (I-tsing, I-ching)	635–713	671–695

(Ihre Berichte: siehe Literaturverzeichnis, Abschnitt «e»)

Äquivalenzen

Pāli	*Sanskrit*
Ajātasattu	Ajātaśatru
Āḷāra Kālāma	Ārāḍa Kālāma
Ambapālī	Āmrapālī
Ānanda	Ānanda
Anāthapiṇḍika	Anāthapiṇḍada
anatta	anātman
anattavāda	anātmavāda
Aṅgulimāla	Aṅgulīmāla
Asoka	Aśoka
Assaji	Aśvajit
assattha	aśvattha
atta	ātman
avijjā	avidyā
Bhaddiya	Bhadriya
bhikkhu	bhikṣu
bhikkhunī	bhikṣunī
Bimbisāra	Bimbisāra
bodhisatta	bodhisattva
cakka	cakra
cakkavatti	cakravartin
cetanā	cetanā
Devadatta	Devadatta
dhamma	dharma
dukkha	duḥkha
gandhabba	gandharva
Ghosaka	Ghoṣaka
Ghositārāma	Ghoṣitārāma
Gijjhakūṭa	Gṛdhrakūṭa
Giribbaja	Girivraja
Gotama	Gautama
Isipatana	Ṛṣipatana
Jeta	Jeta
Jetavana	Jetavana

Jīvaka	Jīvaka
Jīvakambavana	Jīvakāmravana
Kakusandha	Krakucchanda
kamma	karman
Kapilavatthu	Kapilavastu
khandha	skandha
Koṇāgamana	Kanakamuni
Kondañña	Kauṇḍinya
Kosala	Kośala
Kosambī	Kauśāmbī
Kusinārā	Kuśinagara
Licchavi	Licchavi
Magadha	Magadha
Mahākassapa	Mahākāśyapa
Mahānāma	Mahānāma
Mahāpajāpatī Gotamī	Mahāprajāpatī Gautamī
Māyā	Māyā
Migadāya	Mṛgadāva
Moggallāna	Maudgalyāyana
Nerañjarā	Nairañjanā
nibbāna	nirvāṇa
Pajāpatī	Prajāpatī
parinibbāna	parinirvāṇa
pāsāda	prāsāda
Pasenadi	Prasenajit
Pāṭaliputta	Pāṭaliputra
paṭiccavāda	pratītyavāda
Pubbārāma	Pūrvārāma
Rāhula Gotama	Rāhula (Raghula?) Gautama
rāja	rājan
Sakiya (Sakya)	Śākya
Sāla	Śāla
samaṇa	śramaṇa
saṃsāra	saṃsāra
saṅgha	saṅgha
saṅkhāra	saṃskāra
Sāriputta	Śāriputra

Sattapaṇṇi	Saptaparṇin
Sāvatthi	Śravasti
Siddhattha Gotama	Siddhārtha Gautama
Suddhodana Gotama	Śuddhodana Gautama
Sujātā	Sujātā
suñña	śūnya
sutta	sūtra
taṇhā	tṛṣṇā
Tapussa	Tapuṣya
Theravāda	Sthaviravāda
thūpa	stūpa
Uddāka Rāmaputta	Udraka Rāmaputra
Udena	Udayana
Upāli	Upāli
upāsaka	upāsaka
Uruvelā	Uruvilvā
Vajji	Vṛji
Vaṃsā	Vatsa
Vappa	Bāṣpa
Vebhāra	Vaibhāra
Veḷuvana	Veṇuvana
vesākha	vaiśākha
Vesāli	Vaiśālī
Viḍūḍabha	Virūḍhaka
vihāra	vihāra
vinaya	vinaya
viññāna	vijñāna
Visākhā	Viśākhā
Yamunā	Yamunā
Yasa	Yaśa

Literatur

a) Moderne Buddhabiographien

J. Bacot: Le Bouddha. Paris 1947.

A. Bareau: Le Bouddha. Paris 1962.

E. H. Brewster: The Life of Gotama the Buddha, compiled exclusively from the Pāli Canon. London [2]1956.

M. B. Byles: Footprints of Gautama the Buddha, being the Story of the Buddha his Disciples knew, describing Portions of his ministerial Life. Wheaton Ill. [2]1972.

J. Dutoit: Das Leben des Buddha – Eine Zusammenstellung alter Berichte aus den kanonischen Schriften der südlichen Buddhisten. München–Neubiberg 1906.

A. Foucher: La Vie du Bouddha d'après les textes et les monuments de l'Inde. Paris 1949 (Gekürzte Übersetzung ins Englische: The Life of the Buddha according to the ancient Texts and Monuments of India. Middletown Conn. 1963).

D. Ikeda: The living Buddha – An interpretive Biography. New York/Tokyo 1976.

D. J. & I. Kalupahana: The Way of Siddhartha – A Life of the Buddha. London [2]1987.

H.-J. Klimkeit: Der Buddha – Leben und Lehre. Stuttgart 1990 (Urban-Taschenbuch Nr. 438).

Bhikkhu Ñāṇamoli: The Life of the Buddha as it appears in the Pāli Canon. Kandy 1972.

J. Naudou: Buddha. Gütersloh 1973.

N. Niwano: Shakyamuni Buddha – A narrative Biography. Tokyo [3]1981.

H. Oldenberg: Buddha, sein Leben, seine Lehre, seine Gemeinde. Stuttgart [13]1959.

M. Percheron: Buddha in Selbstzeugnissen und Bilddokumenten. Hamburg [6]1972 (Rowohlts Monographien Bd. 12).

M. Pye: The Buddha. London 1979.

C. A. F. Rhys Davids: Gotama the Man. London 1928.

H. W. Schumann: Der historische Buddha – Leben und Lehre des Gotama. München [4]1990 (Diederichs Gelbe Reihe Bd. 73).

E. J. Thomas: The Life of the Buddha as Legend and History. London [6]1960.

K. D. P. Wickremesinghe: The Biography of the Buddha. Colombo 1972.

b) Zur Datierung des Buddha

H. Bechert: Die Lebenszeit des Buddha – das älteste feststehende Datum der indischen Geschichte? Göttingen 1986 (Nachr. der Akademie der Wissenschaften in Göttingen, Phil.-Hist. Klasse, Nr. 4).

H. Bechert (Ed.): The Dating of the Historical Buddha – Die Datierung des historischen Buddha, Part 1. Göttingen 1991 (Symposien zur Buddhismusforschung, IV, 1, Abhandlg. der Akademie der Wissenschaften in Göttingen, Phil.-Hist. Klasse, Dritte Folge Nr. 189).

c) Sammelwerke zum Thema Stätten des Buddha

D. C. AHIR: Buddhist Shrines in India. Delhi 1981.
D. C. AHIR: Buddhism in Modern India. Delhi 1991 (Bibliotheca Indo-Buddhica No. 82).
Archaeological Survey of India (Ed.): Archaeological Remains, Monuments & Museums. 2 vols, New Delhi 1964.
B. V. BAPAT (Ed.): 2500 Years of Buddhism. Delhi [5]1987, pp. 270 ff.
D. C. BHATTACHARYYA: Buddhist Shrines. Delhi 1987.
H. FUJITA, K. MOICHI: Romantic India – The Land of the Buddha. Tokyo 1989.
H. HÄRTEL: Archaeological Research on Ancient Buddhist Sites. In: H. BECHERT (ed.): The Dating of the Historical Buddha, Part 1. Göttingen 1991.
A. C. JAIN: Buddha & Buddhist Shrines in India. Delhi o. J.
R. KULLAR, CH. HAESNER: India, Land of the Buddha. Bangkok 1988.
E. LAMOTTE: History of Indian Buddhism from the Origins to the Śaka Era. Louvain-la-Neuve 1988 (pp. 315 ff.).
B. C. LAW: Geography of Early Buddhism. Vārāṇasī [2]1973.
T. C. & I. MAJUPURIA: Holy Places of Buddhism in Nepal & India – A Guide to Sacred Places in Buddha's Lands. Bangkok [2]1989.
G. P. MALALASEKERA: Dictionary of Pāli Proper Names. 2 vols, London [2]1960.
G. MICHELL: The Penguin Guide to the Monuments of India, Volume one: Buddhist, Jain, Hindu. London 1989.
D. MITRA: Buddhist Monuments. Calcutta [2]1980.
S. MUTHIAH (Ed.): Where the Buddha walked. Madras 1990.
B. N. PURI: Cities of Ancient India. Meerut/Delhi/Calcutta 1966.
R. RAVEN-HART: Where the Buddha trod – A Buddhist Pilgrimage. Colombo [2]1966.
T. W. RHYS DAVIDS: Buddhist India. Delhi [8]1987.
J. RUSSELL: The Eight Places of Buddhist Pilgrimage – A Pilgrim Guide. New Delhi [3]1987.
K. T. S. SARAO: Urban Centres and Urbanisation reflected in the Pāli Vinaya and Sutta Piṭakas. Delhi 1990.
V. VALISINHA: Buddhist Shrines in India. Colombo 1948.

d) Einzelne Stätten

Manche der im folgenden genannten Publikationen erfüllen nicht den Anspruch wissenschaftlicher Genauigkeit, aber keine ist so wertlos, daß man nicht doch das eine oder andere aus ihr erfahren könnte.

Bodh Gayā

D. Barua: Buddha Gaya Temple – Its History. Buddha Gaya 1981.

J. Leoshko (Ed.): Bodhgaya, the Site of Enlightenment. Bombay 1988.

Kapilavatthu

N. R. B. Banerjee: The Relics of Buddha from Piprahwa. In: Indian & Foreign Review, vol. 15 No. 15 (May 1978). Delhi.

N. Peiris: My Pilgrimage to the lost City of Kapilavastu. Bombay o. J. (ca. 1980).

B. K. Rijal: Archaeological Remains of Kapilavastu, Lumbini and Devadaha. Kathmandu 1979.

K. M. Srivastava: Discovery of Kapilavastu. New Delhi 1986.

K. M. Srivastava: Buddha's Relics from Kapilavastu. Delhi 1986.

Vj. Srivastava: Guide to Kapilavastu and Lumbini. Varanasi 1956.

Kosambī

A. Ghosh (Ed.): Indian Archaeology 1955–56. New Delhi 1956 (Dept. of Archaeology), p. 21 f.

Kusināra

D. R. Patil: Kusīnagara. Delhi ^{2}1981 (Archaeological Survey of India).

Lumbinī

H. Falk: Zur Geschichte von Lumbinī. In: Acta Orientalia (Havnensia), vol. 52 (1991).

A. D. T. Perera: Kapilavastu Conundrum. In: «Lumbini, Kapilavastu». Kathmandu 1979.

B. K. Rijal: Archaeological Activities in Lumbini 1976–77. Kathmandu o. J. (Lumbini Development Committee).

J. Vijayatunga: Lumbini. Delhi 1956.

Nālandā

A. Alok: Nalanda. Bargaon Nalanda ^{2}1986.

A. Ghosh: Nālandā. New Delhi ^{6}1986 (Archaeological Survey of India).

Rājagaha

M. H. Kuraishi, A. Ghosh: Rajgir. New Delhi ^{6}1975 (Archaeological Survey of India).

Sārnāth

V. S. Agrawala: Sārnāth. New Delhi ^{3}1980 (Archaeological Survey of India).

C. Śivarāmamūrti: Our National Emblem. New Delhi ^{2}1983 (Publications Division, Ministry of Information, Govt. of India).

Sāvatthi

M. VENKATARAMAYYA: Śrāvastī. New Delhi ²1981 (Archaeological Survey of India).

e) Berichte chinesischer Indienfahrer

(Faxian) A Record of Buddhist Kingdoms – Being an account by the Chinese Monk Fâ-Hien of his Travels in India and Ceylon (A. D. 399–414) in Search of the Buddhist Books of Discipline; transl. by J. LEGGE, (Orig. 1886) New York 1956.

(Xuanzang) Si-Yu-Ki – Buddhist Records of the Western World; transl. by S. BEAL, 2 vols., (Orig. 1884), Delhi 1981.

(Yijing) A Record of the Buddhist Religion as Practised in India and the Malay Archipelago (AD 671–95); transl. by J. TAKAKUSU, (Orig. 1896) Delhi 1966.

(Yijing) Chinese Monks in India – Biography of Eminent Monks who went to the Western World in Search of the Law during the Great T'ang Dynasty, by I-Ching; transl. by L. LAHIRI, Delhi 1986.

Achtfacher Weg 18 f.
Aciravatī-Fluß 124
Ajātasattu, Prinz und König 28, 94, 96, 112, 165
Āḷāra Kālāma 16, 51
Ambapālī 145
Ānanda 28, 29, 132, 145 f., 153, 171
Anāthapiṇḍika 21, 123, 128, 130, 132
Aṅgulimāla 132
Anurādhapura 60
Asoka, Kaiser 60, 88
Asoka-Säulen, am Jetavana 132; in Kusināra 155, 163; in Lumbinī 33, 35, 38 f.; in Sārnāth 75, 86 f.; in Vesāli 147

Bechert, H. 13
Beluva 145 f., 153
Benares 73, 75
Bhagīrathi-Fluß 42
Bihār 12
Bimbisāra, König 21 f., 31, 93, 96, 102, 112
Bodh Gayā 57 ff., 73
Bodhi-Baum 57, 60 ff., 65, 67, 73, 130, 132; B.-Baum des Ānanda 132 f.
Brahmanenkaste 24
Buddha, Askese 16, 51, 56; Datierung 13 f.; Ehrentitel 11, 17; Einäscherung 163; Elternhaus 44; Erleuchtung 16 f., 57, 60, 67; Erziehung 41; Geburt 15, 33, 35; Hauslosigkeit 48; Krankheiten 27 f., 29, 146, 153; Lehre 17 ff.; Mordanschläge auf ihn 28, 94; ein Mystiker 26; Parinibbāna 14, 153 ff., 155; Rechtskenntnisse 15 f., 22; als Redner 26; Reliquien 75, 88, 147, 153, 165; Tod 29, 88, 153; Urne aus Piprahvā 167; Verehrungsformel 108, 173; Wandergebiet 25 f.
Buddhismus, Geschichte 12; Verbreitungsgebiet 11

Chinesische Indienpilger 11, 174
Cunda 153

Devadatta 28, 93 ff., 112
Dhamma 17 f. → Lehre, buddhistische
Dhamekh-Stūpa 75
Dharmapāla, Anagārika 60
Dharmarājika-Stūpa 88, 91

Eggermont, P. H. L. 13
Entstehen, konditionales 19 f.

Faxian 12, 42, 115, 132
Frauen 24, 145

Gaṅgā, Ganges-Fluß 16, 21, 28
Ganvariyā 165 → Kapilavatthu II
Gazellen-Symbol 83
Geiergipfel 94, 105 ff., 112
Ghositārāma 139
Gupta-Dynastie 58, 115; G.-Zeit 132

Harṣa, Kaiser 115
Härtel, H. 12 f.
Hotels 8
Humayun, Moghul-Kaiser 75

Isipatana 19 → Sārnāth

Jeta, Prinz 123, 130
Jetavana 123, 128 ff., 132
Jīvaka 22, 93, 102 f.
Jīvakāmbavana 93, 102

Kamma 18, 19 f., 57
Kanon, buddhistischer 171 → Pāli-Kanon
Kapilavatthu, zwei Orte dieses Namens 42 f.; Kap. I 29, 33 f., 41 ff., 48, 145, 165; Kap. II 29, 165 ff.
Kasten 23 f.
Konditionismus 19 f.
Konzil, Erstes 11, 29, 171 f.; Zweites 146
Kosala-Reich 21, 28 f., 123
Kosambī 21, 26, 86, 139 ff.
Kriegeradel 22
Kusināra 29, 153 ff.

Laiengemeinde 17, 25, 73 f.
Lehre, buddhistische 17 ff., 146, 153
Leiden 17, 57, 82

Licchavi-Stamm 145, 147
Löwenkapitell, von Sārnāth 86 ff.; von Vesāli 147 ff.
Lumbinī 33 ff.

Magadha-Reich 16, 28, 93, 96, 112
Mahābodhi-Tempel 58 ff.
Mahākassapa 28 f., 163, 171 f.
Mahāpajāpatī 24, 41, 145
Mahāyāna-Buddhismus 146
Malla-Stamm 153
Māyā, Buddha-Mutter 33, 35, 41
Meditation 16, 56 f., 73
Moggallāna 28, 93
Mohanā-Fluß 51
Mönchsorden 17 → Orden
Monsun 22 → Regenzeit

Nālandā 115 ff., 118 ff.
Naugarh 166
Nerañjarā-Fluß 51, 56
Nibbāna 19 f., 22; N.-Tempel 155
Nonnenorden 145 → Orden

Orden 17, 28, 73; O.s-Regeln 22, 171; O.s-Spaltung 86; O.s-Strafrecht 23 f:, O.s-Zucht 153
Ordination 73; O.s-Regeln 22, 25; O.s-Verbot 24

Pāla-Dynastie 115
Pāli 9; P.-Kanon 25, 171
Parinibbāna 29, 146 → Nibbāna
Pasenadi, König 21, 24, 28 f., 123
Patna 8, 28, 96
Peppé, W. C. 167
Phalgu-Fluß 51
Pilgerorte 7
Piprahvā 29, 42 f., 166 → Kapilavatthu II
Pubbārāma 124, 132

Rad der Lehre 75, 82 f., 88
Rāhula 16, 41, 48; R.-Mutter 42
Rājagaha 21, 26, 93 ff., 105, 171 f.
Ratna-Berg 105
Regenzeit 22, 86, 93, 145, 153
Reiseplanung 7
Reliquien 145, 147, 163, 165
Rohinī-Fluß 42

Sakiya-Stamm 15, 29, 163, 165
Sāla-Baum 33, 153, 155
Sāriputta 28, 93, 115
Sārnāth 19, 73, 74 ff., 83, 93
Sattapaṇṇi-Höhle 29, 171 f.
Sāvatthi 21, 24, 123 ff., 132, 153
Seelenwanderung, keine im Buddhismus 19 f.
Siddhattha Gotama → Buddha
Sonauli 34
Śrivastava, K. M. 169
Stūpas 75
Suddhodana Gotama 15, 22, 33, 41 f., 44, 123, 145

Theravāda 146
Tilaurakoṭ 29, 165 → Kapilavatthu I

Uddaka Rāmaputta 16, 19, 51
Udena, König 21, 139 ff.
Upāli 171
Upaniṣaden-Lehre 16, 19, 51
Urne mit Buddhaasche 167 ff.
Uruvelā 16, 51 ff. → Bodh Gayā
Uttar Pradesh 12

Vaṃsā-Reich 21, 139
Varunā-Fluß 21
Vebhāra-Berg 171 f.
Veḷuvana 93, 96
Vesākha-Monat 57
Vesāli 29, 145 ff.
Viḍūḍabha 28 f., 44, 165
Visākhā 24, 132
Visnu, Hindugott 60, 65

Wahrheiten, Vier des Buddha 17 ff., 82
Wiedergeburt 17, 19, 57

Xuanzang 12, 38, 86, 132, 147, 155, 163

Yamunā-Fluß 139
Yijing 12, 119